CONSTITUTION

DE LA

RÉPUBLIQUE FRANÇAISE,

ET

LOIS Y RELATIVES.

A PARIS,

DE L'IMPRIMERIE DE LA RÉPUBLIQUE.

AN IV.

TABLE CHRONOLOGIQUE DES LOIS

Contenues dans ce Volume.

FIN

de la Table chronologique des Lois.

EXTRAIT

DU PROCÈS-VERBAL

Du Comité des Inspecteurs du Palais national.

Du 7 Vendémiaire, an IV de la République française, une et indivisible.

Présens les citoyens SAURINE, CHEDANEAU, COLAUD, FIQUET, MARTINEAU, BOURGEOIS.

LE comité arrête que l'acte constitutionnel, les lois organiques et tous les autres décrets y relatifs, seront imprimés par l'imprimerie de l'agence des lois, au nombre de deux mille exemplaires, pour être distribués aux représentans du peuple membres de la convention nationale, à ceux des deux conseils législatifs; que le surplus sera mis à la disposition du directoire exécutif, pour ses membres, pour les ministres, et pour les agens de la République près les puissances étrangères.

Pour extrait conforme:

Les Représentans du peuple,

Signé J. P. SAURINE, *président.*

DÉCLARATION

DES DROITS ET DES DEVOIRS

DE L'HOMME ET DU CITOYEN.

LE Peuple français proclame, en présence de l'Etre suprême, la déclaration suivante des droits et des devoirs de l'homme et du citoyen.

DROITS.

ARTICLE PREMIER.

LES droits de l'homme en société sont : la liberté, l'égalité, la sûreté, la propriété.

II.

La liberté consiste à pouvoir faire ce qui ne nuit pas aux droits d'autrui.

III.

L'égalité consiste en ce que la loi est la même pour tous, soit qu'elle protège, soit qu'elle punisse.

L'égalité n'admet aucune distinction de naissance, aucune hérédité de pouvoirs.

IV.

La sûreté résulte du concours de tous pour assurer les droits de chacun.

V.

La propriété est le droit de jouir et de disposer de ses biens, de ses revenus, du fruit de son travail et de son industrie.

VI.

La loi est la volonté générale exprimée par la majorité ou des citoyens ou de leurs représentans.

VII.

Ce qui n'est pas défendu par la loi, ne peut être empêché.

Nul ne peut être contraint à faire ce qu'elle n'ordonne pas.

VIII.

Nul ne peut être appelé en justice, accusé, arrêté ni détenu, que dans les cas déterminés par la loi, et selon les formes qu'elle a prescrites.

IX.

Ceux qui sollicitent, expédient, signent,

exécutent ou font exécuter des actes arbitraires, sont coupables et doivent être punis.

X.

Toute rigueur qui ne serait pas nécessaire pour s'assurer de la personne d'un prévenu, doit être sévèrement réprimée par la loi.

XI.

Nul ne peut être jugé qu'après avoir été entendu ou légalement appelé.

XII.

La loi ne doit décerner que des peines strictement nécessaires et proportionnées au délit.

XIII.

Tout traitement qui aggrave la peine déterminée par la loi, est un crime.

XIV.

Aucune loi, ni criminelle, ni civile, ne peut avoir d'effet rétroactif.

XV.

Tout homme peut engager son temps et ses services, mais il ne peut se vendre ni être vendu ; sa personne n'est pas une propriété aliénable.

XVI.

Toute contribution est établie pour l'utilité générale; elle doit être répartie entre les contribuables, en raison de leurs facultés.

XVII.

La souveraineté réside essentiellement dans l'universalité des citoyens.

XVIII.

Nul individu, nulle réunion partielle de citoyens, ne peut s'attribuer la souveraineté.

XIX.

Nul ne peut, sans une délégation légale, exercer aucune autorité, ni remplir aucune fonction publique.

XX.

Chaque citoyen a un droit égal de concourir, immédiatement ou médiatement, à la formation de la loi, à la nomination des représentans du peuple et des fonctionnaires publics.

XXI.

Les fonctions publiques ne peuvent devenir la propriété de ceux qui les exercent.

XXII.

La garantie sociale ne peut exister si la

division des pouvoirs n'est pas établie, si leurs limites ne sont pas fixées, et si la responsabilité des fonctionnaires publics n'est pas assurée.

DEVOIRS.

ARTICLE PREMIER.

LA Déclaration des droits contient les obligations des législateurs : le maintien de la société demande que ceux qui la composent connaissent et remplissent également leurs devoirs.

II.

Tous les devoirs de l'homme et du citoyen dérivent de ces deux principes, gravés par la nature dans tous les cœurs :

Ne faites pas à autrui ce que vous ne voudriez pas qu'on vous fît.

Faites constamment aux autres le bien que vous voudriez en recevoir.

III.

Les obligations de chacun envers la société consistent à la défendre, à la servir, à vivre soumis aux lois, et à respecter ceux qui en sont les organes.

IV.

Nul n'est bon citoyen s'il n'est bon fils, bon père, bon frère, bon ami, bon époux.

V.

Nul n'est homme de bien s'il n'est franchement et religieusement observateur des lois.

VI.

Celui qui viole ouvertement les lois, se déclare en état de guerre avec la société.

VII.

Celui qui, sans enfreindre ouvertement les lois, les élude par ruse ou par adresse, blesse les intérêts de tous; il se rend indigne de leur bienveillance et de leur estime.

VIII.

C'est sur le maintien des propriétés que reposent la culture des terres, toutes les productions, tout moyen de travail, et tout l'ordre social.

IX.

Tout citoyen doit ses services à la patrie et au maintien de la liberté, de l'égalité et de la propriété, toutes les fois que la loi l'appelle à les défendre.

CONSTITUTION.

ARTICLE PREMIER.

LA République française est une et indivisible.

2.

L'universalité des citoyens français est le souverain.

TITRE PREMIER.

DIVISION DU TERRITOIRE.

3.

LA France est divisée en .... départemens.

Ces départemens sont : l'Ain, l'Aisne, l'Allier, les Basses-Alpes, les Hautes-Alpes, les Alpes-Maritimes, l'Ardèche, les Ardennes, l'Arriége, l'Aube, l'Aude, l'Aveyron, les Bouches-du-Rhône, le Calvados, le Cantal, la Charente, la Charente-Inférieure, le Cher, la Corrèze, la

Côte-d'Or, les Côtes-du-Nord, la Creuse, la Dordogne, le Doubs, la Drôme, l'Eure, Eure-et-Loir, le Finistère, le Gard, la Haute-Garonne, le Gers, la Gironde, le Golo, l'Hérault, Ille-et-Vilaine, l'Indre, Indre-et-Loire, l'Isère, le Jura, les Landes, la Liamone, Loir-et-Cher, la Loire, la Haute-Loire, la Loire-Inférieure, le Loiret, le Lot, Lot-et-Garonne, la Losère, Maine-et-Loire, la Manche, la Marne, la Haute-Marne, la Mayenne, la Meurthe, la Meuse, le Mont-Blanc, le Mont-Terrible, le Morbihan, la Moselle, la Nièvre, le Nord, l'Oise, l'Orne, le Pas-de-Calais, le Puy-de-Dôme, les Basses-Pyrénées, les Hautes-Pyrénées, les Pyrénées-Orientales, le Bas-Rhin, le Haut-Rhin, le Rhône, la Haute-Saône, Saône-et-Loire, la Sarthe, la Seine, la Seine-Inférieure, Seine-et-Marne, Seine-et-Oise, les Deux-Sèvres, la Somme, le Tarn, le Var, Vaucluse, la Vendée, la Vienne, la Haute-Vienne, les Vosges, l'Yonne......

4.

Les limites des départemens peuvent être changées ou rectifiées par le corps législatif ; mais, en ce cas, la surface d'un département ne peut excéder cent myriamètres quarrés [400 lieues quarrées moyennes] (1).

5.

Chaque département est distribué en cantons, chaque canton en communes.

Les cantons conservent leurs circonscriptions actuelles.

Leurs limites pourront néanmoins être changées ou rectifiées par le corps législatif ; mais, en ce cas, il ne pourra y avoir plus d'un myriamètre (deux lieues moyennes de 2566 toises chacune) de la commune la plus éloignée au chef-lieu du canton.

6.

Les colonies françaises sont parties intégrantes de la République, et sont soumises à la même loi constitutionnelle.

7.

Elles sont divisées en départemens, ainsi qu'il suit :

L'île de Saint-Domingue, dont le corps législatif déterminera la division en quatre

(1) La lieue moyenne linéaire est de 2566 toises.

départemens au moins, et en six au plus;

La Guadeloupe, Marie-Galande, la Desirade, les Saintes, et la partie française de Saint-Martin;

La Martinique;

La Guiane française et Cayenne;

Sainte-Lucie et Tabago;

L'île de France, les Seychelles, Rodrigue et les établissemens de Madagascar;

L'île de la Réunion;

Les Indes orientales, Pondicheri, Chandernagor, Mahé, Karical et autres établissemens.

TITRE II.

ÉTAT POLITIQUE DES CITOYENS.

8.

TOUT homme né et résidant en France, qui, âgé de vingt-un ans accomplis, s'est fait inscrire sur le registre civique de son canton, qui a demeuré depuis pendant une année sur le territoire de la République, et qui paie une contribution directe, foncière ou personnelle, est citoyen français.

9.

Sont citoyens, sans aucune condition

de contribution, les Français qui auront fait une ou plusieurs campagnes pour l'établissement de la République.

10.

L'étranger devient citoyen français, lorsqu'après avoir atteint l'âge de vingt-un ans accomplis, et avoir déclaré l'intention de se fixer en France, il y a résidé pendant sept années consécutives, pourvu qu'il y paie une contribution directe, et qu'en outre il y possède une propriété foncière ou un établissement d'agriculture ou de commerce, ou qu'il ait épousé une Française.

11.

Les citoyens français peuvent seuls voter dans les assemblées primaires, et être appelés aux fonctions établies par la constitution.

12.

L'exercice des droits de citoyen se perd,

1.° Par la naturalisation en pays étranger;

2.° Par l'affiliation à toute corporation étrangère qui supposerait des distinctions de naissance, ou qui exigerait des vœux de religion;

3.° Par l'acceptation de fonctions ou de pensions offertes par un gouvernement étranger ;

4.° Par la condamnation à des peines afflictives ou infamantes, jusqu'à réhabilitation.

13.

L'exercice des droits de citoyen est suspendu,

1.° Par l'interdiction judiciaire pour cause de fureur, de démence ou d'imbécillité ;

2.° Par l'état de débiteur failli, ou d'héritier immédiat, détenteur, à titre gratuit, de tout ou partie de la succession d'un failli ;

3.° Par l'état de domestique à gages, attaché au service de la personne ou du ménage ;

4.° Par l'état d'accusation ;

5.° Par un jugement de contumace, tant que le jugement n'est pas anéanti.

14.

L'exercice des droits de citoyen n'est perdu ni suspendu que dans les cas exprimés dans les deux articles précédens.

15.

Tout citoyen qui aura résidé sept années consécutives hors du territoire de la République, sans mission ou autorisation donnée au nom de la nation, est réputé étranger; il ne redevient citoyen français, qu'après avoir satisfait aux conditions prescrites par l'article dixième.

16.

Les jeunes gens ne peuvent être inscrits sur le registre civique, s'ils ne prouvent qu'ils savent lire et écrire, et exercer une profession mécanique.

Les opérations manuelles de l'agriculture appartiennent aux professions mécaniques.

Cet article n'aura d'exécution qu'à compter de l'an douzième de la République.

TITRE III.

ASSEMBLÉES PRIMAIRES.

17.

LES assemblées primaires se composent des citoyens domiciliés dans le même canton.

Le domicile requis pour voter dans ces

assemblées s'acquiert par la seule résidence pendant une année, et il ne se perd que par un an d'absence.

18.

Nul ne peut se faire remplacer dans les assemblées primaires, ni voter pour le même objet dans plus d'une de ces assemblées.

19.

Il y a au moins une assemblée primaire par canton.

Lorsqu'il y en a plusieurs, chacune est composée de quatre cent cinquante citoyens au moins, de neuf cents au plus.

Ces nombres s'entendent des citoyens présens ou absens ayant droit d'y voter.

20.

Les assemblées primaires se constituent provisoirement sous la présidence du plus ancien d'âge : le plus jeune remplit provisoirement les fonctions de secrétaire.

21.

Elles sont définitivement constituées par la nomination au scrutin, d'un président, d'un secrétaire et de trois scrutateurs.

22.

S'il s'élève des difficultés sur les qualités requises pour voter, l'assemblée statue provisoirement, sauf le recours au tribunal civil du département.

23.

En tout autre cas, le corps législatif prononce seul sur la validité des opérations des assemblées primaires.

24.

Nul ne peut paraître en armes dans les assemblées primaires.

25.

Leur police leur appartient.

26.

Les assemblées primaires se réunissent,

1.° Pour accepter ou rejeter les changemens à l'acte constitutionnel, proposés par les assemblées de révision ;

2.° Pour faire les élections qui leur appartiennent suivant l'acte constitutionnel.

27.

Elles s'assemblent de plein droit le premier germinal de chaque année, et procèdent, selon qu'il y a lieu, à la nomination,

1.° Des membres de l'assemblée électorale ;

2.° Du juge de paix et de ses assesseurs ;

3.° Du président de l'administration municipale du canton, ou des officiers municipaux dans les communes au-dessus de cinq mille habitans.

28.

Immédiatement après ces élections, il se tient, dans les communes au-dessous de cinq mille habitans, des assemblées communales qui élisent les agens de chaque commune et leurs adjoints.

29.

Ce qui se fait dans une assemblée primaire ou communale au-delà de l'objet de sa convocation, et contre les formes déterminées par la constitution, est nul.

30.

Les assemblées, soit primaires, soit communales, ne font aucune autre élection que celles qui leur sont attribuées par l'acte constitutionnel.

31.

Toutes les élections se font au scrutin secret.

32.

Tout citoyen qui est légalement convaincu d'avoir vendu ou acheté un suffrage, est exclu des assemblées primaires et communales, et de toute fonction publique, pendant vingt ans; en cas de récidive, il l'est pour toujours.

TITRE IV.

ASSEMBLÉES ÉLECTORALES.

33.

CHAQUE assemblée primaire nomme un électeur à raison de deux cents citoyens, présens ou absens, ayant droit de voter dans ladite assemblée.

Jusqu'au nombre de trois cents citoyens inclusivement, il n'est nommé qu'un électeur.

Il en est nommé deux depuis trois cent un jusqu'à cinq cents;

Trois depuis cinq cent un jusqu'à sept cents;

Quatre depuis sept cent un jusqu'à neuf cents.

34.

Les membres des assemblées électorales sont nommés chaque année, et ne peuvent être réélus qu'après un intervalle de deux ans.

35.

Nul ne pourra être nommé électeur, s'il n'a vingt-cinq ans accomplis, et s'il ne réunit aux qualités nécessaires pour exercer les droits de citoyen français, l'une des conditions suivantes, savoir :

Dans les communes au-dessus de six mille habitans, celle d'être propriétaire ou usufruitier d'un bien évalué à un revenu égal à la valeur locale de deux cents journées de travail, ou d'être locataire, soit d'une habitation évaluée à un revenu égal à la valeur de cent cinquante journées de travail, soit d'un bien rural évalué à deux cents journées de travail ;

Dans les communes au-dessous de six mille habitans, celle d'être propriétaire ou usufruitier d'un bien évalué à un revenu égal à la valeur locale de cent cinquante journées de travail, ou d'être locataire, soit d'une habitation évaluée à un revenu égal à la valeur de cent journées de travail, soit d'un bien rural évalué à cent journées de travail ;

Et, dans les campagnes, celle d'être propriétaire ou usufruitier d'un bien évalué à un revenu égal à la valeur locale de cent cinquante journées de travail, ou d'être fermier ou métayer de biens évalués à la valeur de deux cents journées de travail.

A l'égard de ceux qui seront en même temps propriétaires ou usufruitiers d'une part, et locataires, fermiers ou métayers de l'autre, leurs facultés à ces divers titres seront cumulées jusqu'au taux nécessaire pour établir leur éligibilité.

36.

L'assemblée électorale de chaque département se réunit le 20 germinal de chaque année, et termine, en une seule session de dix jours au plus, et sans pouvoir s'ajourner, toutes les élections qui se trouvent à faire ; après quoi elle est dissoute de plein droit.

37.

Les assemblées électorales ne peuvent

s'occuper d'aucun objet étranger aux élections dont elles sont chargées ; elles ne peuvent envoyer ni recevoir aucune adresse, aucune pétition, aucune députation.

38.

Les assemblées électorales ne peuvent correspondre entre elles.

39.

Aucun citoyen ayant été membre d'une assemblée électorale, ne peut prendre le titre d'électeur, ni se réunir, en cette qualité, à ceux qui ont été avec lui membres de cette même assemblée.

La contravention au présent article est un attentat à la sûreté générale.

40.

Les articles dix-huit, vingt, vingt-un, vingt-trois, vingt-quatre, vingt-cinq, vingt-neuf, trente, trente-un et trente-deux du titre précédent, sur les assemblées primaires, sont communs aux assemblées électorales.

41.

Les assemblées électorales élisent, selon qu'il y a lieu,

1.° Les membres du corps législatif; savoir : les membres du conseil des anciens, ensuite les membres du conseil des cinq cents ;

2.° Les membres du tribunal de cassation ;

3.° Les hauts-jurés ;

4.° Les administrateurs de département ;

5.° Les président, accusateur public et greffier du tribunal criminel ;

6.° Les juges des tribunaux civils.

42.

Lorsqu'un citoyen est élu par les assemblées électorales pour remplacer un fonctionnaire mort, démissionnaire ou destitué, ce citoyen n'est élu que pour le temps qui restait au fonctionnaire remplacé.

43.

Le commissaire du directoire exécutif près l'administration de chaque département est tenu, sous peine de destitution, d'informer le directoire de l'ouverture et de la clôture des assemblées électorales : ce commissaire n'en peut arrêter ni suspendre les opérations, ni entrer dans le lieu des séances ; mais il a droit de demander communication du procès-verbal de chaque séance dans les vingt-quatre heures qui la suivent, et il est tenu de dénoncer au directoire les infractions qui seraient faites à l'acte constitutionnel.

Dans tous les cas, le corps législatif prononce seul sur la validité des opérations des assemblées électorales.

TITRE V.

POUVOIR LÉGISLATIF.

Dispositions générales.

44.

Le corps législatif est composé d'un conseil des anciens et d'un conseil des cinq-cents.

45.

En aucun cas, le corps législatif ne peut déléguer à un ou plusieurs de ses membres, ni à qui que ce soit, aucune des fonctions qui lui sont attribuées par la présente constitution.

46.

Il ne peut exercer par lui-même, ni par des délégués, le pouvoir exécutif, ni le pouvoir judiciaire.

47.

Il y a incompatibilité entre la qualité de membre du corps législatif et l'exercice d'une autre fonction publique, excepté celle d'archiviste de la République.

48.

La loi détermine le mode du remplacement définitif ou temporaire des fonctionnaires publics qui viennent à être élus membres du corps législatif.

49.

Chaque département concourt, à raison de sa population seulement, à la nomination des membres du conseil des anciens et des membres du conseil des cinq-cents.

50.

Tous les dix ans, le corps législatif, d'après les états de population qui lui sont envoyés, détermine le nombre des membres de l'un et de l'autre conseil que chaque département doit fournir.

51.

Aucun changement ne peut être fait dans cette répartition, durant cet intervalle.

52.

Les membres du corps législatif ne sont pas représentans du département qui les a nommés, mais de la nation entière, et il ne peut leur être donné aucun mandat.

53.

L'un et l'autre conseil est renouvelé tous les ans par tiers.

54.

Les membres sortant après trois années, peuvent être immédiatement réélus pour les trois années suivantes, après quoi il faudra un intervalle de deux ans pour qu'ils puissent être élus de nouveau.

55.

Nul, en aucun cas, ne peut être membre du corps législatif durant plus de six années consécutives.

56.

Si, par des circonstances extraordinaires, l'un des deux conseils se trouve réduit à moins des deux tiers de ses membres, il en donne avis au directoire exécutif, lequel est tenu de convoquer sans délai

les

les assemblées primaires des départemens qui ont des membres du corps législatif à remplacer par l'effet de ces circonstances : les assemblées primaires nomment sur-le-champ les électeurs, qui procèdent aux remplacemens nécessaires.

57.

Les membres nouvellement élus pour l'un et pour l'autre conseil se réunissent, le premier prairial de chaque année, dans la commune qui a été indiquée par le corps législatif précédent, ou dans la commune même où il a tenu ses dernières séances, s'il n'en a pas désigné une autre.

58.

Les deux conseils résident toujours dans la même commune.

59.

Le corps législatif est permanent : il peut néanmoins s'ajourner à des termes qu'il désigne.

60.

En aucun cas les deux conseils ne peuvent se réunir dans une même salle.

61.

Les fonctions de président et de secrétaire ne peuvent excéder la durée d'un mois, ni dans le conseil des anciens, ni dans celui des cinq-cents.

62.

Les deux conseils ont respectivement le droit de police dans le lieu de leurs séances, et dans l'enceinte extérieure qu'ils ont déterminée.

63.

Ils ont respectivement le droit de police sur leurs membres; mais ils ne peuvent prononcer de peine plus forte que la censure, les arrêts pour huit jours, et la prison pour trois.

64.

Les séances de l'un et de l'autre conseil sont publiques; les assistans ne peuvent excéder en nombre la moitié des membres respectifs de chaque conseil.

Les procès-verbaux des séances sont imprimés.

65.

Toute délibération se prend par assis et levé; en cas de doute, il se fait un appel nominal, mais alors les votes sont secrets.

66.

Sur la demande de cent de ses membres, chaque conseil peut se former en comité général et secret, mais seulement pour discuter, et non pour délibérer.

67.

Ni l'un ni l'autre conseil ne peut créer dans son sein aucun comité permanent.

Seulement, chaque conseil a la faculté, lorsqu'une matière lui paraît susceptible d'un examen préparatoire, de nommer parmi ses membres une commission spéciale, qui se renferme uniquement dans l'objet de sa formation.

Cette commission est dissoute aussitôt que le conseil a statué sur l'objet dont elle était chargée.

68.

Les membres du corps législatif reçoivent une indemnité annuelle ; elle est, dans l'un et l'autre conseil, fixée à la valeur de trois mille myriagrammes de froment [613 quintaux 32 liv.]

69.

Le directoire exécutif ne peut faire passer

ou séjourner aucun corps de troupes dans la distance de six myriamètres (douze lieues moyennes) de la commune où le corps législatif tient ses séances, si ce n'est sur sa réquisition ou avec son autorisation.

70.

Il y a près du corps législatif une garde de citoyens pris dans la garde nationale sédentaire de tous les départemens, et choisis par leurs frères d'armes.

Cette garde ne peut être au-dessous de quinze cents hommes en activité de service.

71.

Le corps législatif détermine le mode de ce service et sa durée.

72.

Le corps législatif n'assiste à aucune cérémonie publique, et n'y envoie point de députation.

Conseil des Cinq-Cents.

73.

Le conseil des cinq-cents est invariablement fixé à ce nombre.

74.

Pour être élu membre du conseil des cinq-cents, il faut être âgé de trente ans accomplis, et avoir été domicilié sur le territoire de la République pendant les dix années qui auront immédiatement précédé l'élection.

La condition de l'âge de trente ans ne sera point exigible avant l'an septième de la République ; jusqu'à cette époque, l'âge de vingt-cinq ans accomplis sera suffisant.

75.

Le conseil des cinq-cents ne peut délibérer si la séance n'est composée de deux cents membres au moins.

76.

La proposition des lois appartient exclusivement au conseil des cinq-cents.

77.

Aucune proposition ne peut être délibérée ni résolue dans le conseil des cinq-cents, qu'en observant les formes suivantes :

Il se fait trois lectures de la proposition ; l'intervalle entre deux de ces lectures ne peut être moindre de dix jours.

La discussion est ouverte après chaque lecture ; et néanmoins, après la première ou la seconde, le conseil des cinq-cents peut déclarer qu'il y a lieu à l'ajournement, ou qu'il n'y a pas lieu à délibérer.

Toute proposition doit être imprimée et distribuée deux jours avant la seconde lecture.

Après la troisième lecture, le conseil des cinq-cents décide s'il y a lieu ou non à l'ajournement.

78.

Toute proposition qui, soumise à la discussion, a été définitivement rejetée après la troisième lecture, ne peut être reproduite qu'après une année révolue.

79.

Les propositions adoptées par le conseil des cinq-cents, s'appellent *résolutions*.

80.

Le préambule de toute résolution énonce,

1.° Les dates des séances auxquelles les trois lectures de la proposiiton auront été faites ;

2.° L'acte par lequel il a été déclaré,

après la troisième lecture, qu'il n'y a pas lieu à l'ajournement.

81.

Sont exemptes des formes prescrites par l'article soixante-dix-sept, les propositions reconnues urgentes par une déclaration préalable du conseil des cinq-cents.

Cette déclaration énonce les motifs de l'urgence, et il en est fait mention dans le préambule de la résolution.

Conseil des Anciens.

82.

Le conseil des anciens est composé de deux cent cinquante membres.

83.

Nul ne peut être élu membre du conseil des anciens,

S'il n'est âgé de quarante ans accomplis;

Si de plus il n'est pas marié ou veuf;

Et s'il n'a pas été domicilié sur le territoire de la République pendant les quinze années qui auront immédiatement précédé l'élection.

84.

La condition de domicile exigée par

le précédent article, et celle prescrite par l'article soixante - quatorze, ne concernent point les citoyens qui sont sortis du territoire de la République avec mission du gouvernement.

85.

Le conseil des anciens ne peut délibérer si la séance n'est composée de cent-vingt-six membres au moins.

86.

Il appartient exclusivement au conseil des anciens d'approuver ou de rejeter les résolutions du conseil des cinq-cents.

87.

Aussitôt qu'une résolution du conseil des cinq-cents est parvenue au conseil des anciens, le président donne lecture du préambule.

88.

Le conseil des anciens refuse d'approuver les résolutions du conseil des cinq-cents, qui n'ont point été prises dans les formes prescrites par la constitution.

89.

Si la proposition a été déclarée urgente

par le conseil des cinq-cents, le conseil des anciens délibère pour approuver ou rejeter l'acte d'urgence.

90.

Si le conseil des anciens rejette l'acte d'urgence, il ne délibère point sur le fond de la résolution.

91.

Si la résolution n'est pas précédée d'un acte d'urgence, il en est fait trois lectures; l'intervalle entre deux de ces lectures ne peut être moindre de cinq jours.

La discussion est ouverte après chaque lecture.

Toute résolution est imprimée et distribuée deux jours au moins avant la seconde lecture.

92.

Les résolutions du conseil des cinq-cents, adoptées par le conseil des anciens, s'appellent *lois*.

93.

Le préambule des lois énonce les dates des séances du conseil des anciens auxquelles les trois lectures ont été faites.

94.

Le décret par lequel le conseil des anciens reconnaît l'urgence d'une loi, est motivé et mentionné dans le préambule de cette loi.

95.

La proposition de la loi, faite par le conseil des cinq-cents, s'entend de tous les articles d'un même projet ; le conseil des anciens doit les rejeter tous, ou les approuver dans leur ensemble.

96.

L'approbation du conseil des anciens est exprimée sur chaque proposition de loi par cette formule, signée du président et des secrétaires : LE CONSEIL DES ANCIENS APPROUVE......

97.

Le refus d'adopter pour cause d'omission des formes indiquées dans l'article soixante-dix-sept, est exprimé par cette formule, signée du président et des secrétaires : LA CONSTITUTION ANNULLE......

98.

Le refus d'approuver le fond de la loi

proposée est exprimé par cette formule, signée du président et des secrétaires : LE CONSEIL DES ANCIENS NE PEUT ADOPTER......

99.

Dans le cas du précédent article, le projet de loi rejeté ne peut plus être présenté par le conseil des cinq-cents qu'après une année révolue.

100.

Le conseil des cinq-cents peut néanmoins présenter, à quelque époque que ce soit, un projet de loi qui contienne des articles faisant partie d'un projet qui a été rejeté.

101.

Le conseil des anciens envoie dans le jour les lois qu'il a adoptées, tant au conseil des cinq-cents qu'au directoire exécutif.

102.

Le conseil des anciens peut changer la résidence du corps législatif; il indique, en ce cas, un nouveau lieu et l'époque à laquelle les deux conseils sont tenus de s'y rendre.

Le décret du conseil des anciens, sur cet objet, est irrévocable.

103.

Le jour même de ce décret, ni l'un ni l'autre des conseils ne peuvent plus délibérer dans la commune où ils ont résidé jusqu'alors.

Les membres qui y continueraient leurs fonctions, se rendraient coupables d'attentat contre la sûreté de la République.

104.

Les membres du directoire exécutif qui retarderaient ou refuseraient de sceller, promulguer et envoyer le décret de translation du corps législatif, seraient coupables du même délit.

105.

Si, dans les vingt jours après celui fixé par le conseil des anciens, la majorité de chacun des deux conseils n'a pas fait connaître à la République son arrivée au nouveau lieu indiqué, ou sa réunion dans un autre lieu quelconque, les administrateurs de département, ou, à leur défaut, les tribunaux civils de département, convoquent les assemblées primaires pour

nommer

nommer des électeurs, qui procèdent aussitôt à la formation d'un nouveau corps législatif, par l'élection de deux cent cinquante députés pour le conseil des anciens, et de cinq cents pour l'autre conseil.

106.

Les administrateurs de département qui, dans le cas de l'article précédent, seraient en retard de convoquer les assemblées primaires, se rendraient coupables de haute trahison, et d'attentat contre la sûreté de la République.

107.

Sont déclarés coupables du même délit tous citoyens qui mettraient obstacle à la convocation des assemblées primaires et électorales, dans le cas de l'article cent six.

108.

Les membres du nouveau corps législatif se rassemblent dans le lieu où le conseil des anciens avait transféré les séances.

S'ils ne peuvent se réunir dans ce lieu, en quelque endroit qu'ils se trouvent en majorité, là est le corps législatif.

109.

Excepté dans le cas de l'article cent

deux, aucune proposition de loi ne peut prendre naissance dans le conseil des anciens.

De la garantie des membres du Corps législatif.

110.

Les citoyens qui sont ou ont été membres du corps législatif ne peuvent être recherchés, accusés ni jugés en aucun temps, pour ce qu'ils ont dit ou écrit dans l'exercice de leurs fonctions.

111.

Les membres du corps législatif, depuis le moment de leur nomination jusqu'au trentième jour après l'expiration de leurs fonctions, ne peuvent être mis en jugement que dans les formes prescrites par les articles qui suivent.

112.

Ils peuvent, pour faits criminels, être saisis en flagrant délit; mais il en est donné avis, sans délai, au corps législatif; et la poursuite ne pourra être continuée qu'après que le conseil des cinq-cents aura proposé la mise en jugement, et que le conseil des anciens l'aura décrétée.

113.

Hors le cas du flagrant délit, les membres du corps législatif ne peuvent être amenés devant les officiers de police, ni mis en état d'arrestation, avant que le conseil des cinq-cents n'ait proposé la mise en jugement, et que le conseil des anciens ne l'ait décrétée.

114.

Dans les cas des deux articles précédens, un membre du corps législatif ne peut être traduit devant aucun autre tribunal que la haute-cour de justice.

115.

Ils sont traduits devant la même cour pour les faits de trahison, de dilapidation, de manœuvres pour renverser la constitution, et d'attentat contre la sûreté intérieure de la République.

116.

Aucune dénonciation contre un membre du corps législatif ne peut donner lieu à poursuite, si elle n'est rédigée par écrit, signée et adressée au conseil des cinq-cents.

117.

Si, après y avoir délibéré en la forme prescrite par l'article soixante-dix-sept, le conseil des cinq-cents admet la dénonciation, il le déclare en ces termes :

La dénonciation contre.... pour le fait de.... datée du.... signée de.... est admise.

118.

L'inculpé est alors appelé : il a, pour comparaître, un délai de trois jours francs ; et lorsqu'il comparaît, il est entendu dans l'intérieur du lieu des séances du conseil des cinq-cents.

119.

Soit que l'inculpé se soit présenté, ou non, le conseil des cinq cents déclare, après ce délai, s'il y a lieu, ou non, à l'examen de sa conduite.

120.

S'il est déclaré par le conseil des cinq-cents qu'il y a lieu à examen, le prévenu est appelé par le conseil des anciens : il a, pour comparaître, un délai de deux jours francs ; et s'il comparaît, il est entendu dans l'intérieur du lieu des séances du conseil des anciens.

121.

Soit que le prévenu se soit présenté, ou non, le conseil des anciens, après ce délai, et après y avoir délibéré dans les formes prescrites par l'article quatre-vingt-onze, prononce l'accusation, s'il y a lieu, et renvoie l'accusé devant la haute-cour de justice; laquelle est tenue d'instruire le procès sans aucun délai.

122.

Toute discussion dans l'un et dans l'autre conseil, relative à la prévention ou à l'accusation d'un membre du corps législatif, se fait en comité général.

Toute délibération sur les mêmes objets est prise à l'appel nominal et au scrutin secret.

123.

L'accusation prononcée contre un membre du corps législatif entraîne suspension.

S'il est acquitté par le jugement de la haute-cour de justice, il reprend ses fonctions.

Relation des deux Conseils entre eux.

124.

Lorsque les deux conseils sont définitivement constitués, ils s'en avertissent mutuellement par un messager d'État.

125.

Chaque conseil nomme quatre messagers d'État pour son service.

126.

Ils portent à chacun des conseils et au directoire exécutif les lois et les actes du corps législatif; ils ont entrée à cet effet dans le lieu des séances du directoire exécutif.

Ils marchent précédés de deux huissiers.

127.

L'un des conseils ne peut s'ajourner au-delà de cinq jours sans le consentement de l'autre.

Promulgation des Lois.

128.

Le directoire exécutif fait sceller et publier les lois et les autres actes du corps législatif, dans les deux jours après leur réception.

129.

Il fait sceller et promulguer, dans le jour, les lois et actes du corps législatif qui sont précédés d'un décret d'urgence.

130.

La publication de la loi et des actes du corps législatif est ordonnée en la forme suivante :

Au nom de la République française (loi) ou *(acte du corps législatif)* .... *Le directoire ordonne que la loi* ou *l'acte législatif ci-dessus sera publié, exécuté, et qu'il sera muni du sceau de la République.*

131.

Les lois dont le préambule n'atteste pas l'observation des formes prescrites par les articles soixante-dix-sept et quatre-vingt-onze, ne peuvent être promulguées par le directoire exécutif, et sa responsabilité à cet égard dure six années.

Sont exceptées les lois pour lesquelles l'acte d'urgence a été approuvé par le conseil des anciens.

TITRE VI.

POUVOIR EXÉCUTIF.

132.

Le pouvoir exécutif est délégué à un directoire de cinq membres, nommés par le corps législatif, faisant alors les fonctions d'assemblée électorale, au nom de la nation.

133.

Le conseil des cinq-cents forme, au scrutin secret, une liste décuple du nombre des membres du directoire qui sont à nommer, et la présente au conseil des anciens, qui choisit, aussi au scrutin secret, dans cette liste.

134.

Les membres du directoire doivent être âgés de quarante ans au moins.

135.

Ils ne peuvent être pris que parmi les citoyens qui ont été membres du corps législatif, ou ministres.

La disposition du présent article ne sera

observée qu'à commencer de l'an neuvième de la République.

136.

A compter du premier jour de l'an cinquième de la République, les membres du corps législatif ne pourront être élus membres du directoire ni ministres, soit pendant la durée de leurs fonctions législatives, soit pendant la première année après l'expiration de ces mêmes fonctions.

137.

Le directoire est partiellement renouvelé, par l'élection d'un nouveau membre, chaque année.

Le sort décidera, pendant les quatre premières années, de la sortie successive de ceux qui auront été nommés la première fois.

138.

Aucun des membres sortant ne peut être réélu qu'après un intervalle de cinq ans.

139.

L'ascendant et le descendant en ligne directe, les frères, l'oncle et le neveu, les cousins au premier degré, et les alliés à ces divers degrés, ne peuvent être en même temps membres du directoire, ni s'y succéder, qu'après un intervalle de cinq ans.

140.

En cas de vacance par mort, démission ou autrement, d'un des membres du directoire, son successeur est élu par le corps législatif dans dix jours pour tout délai.

Le conseil des cinq-cents est tenu de proposer les candidats dans les cinq premiers jours, et le conseil des anciens doit consommer l'élection dans les cinq derniers.

Le nouveau membre n'est élu que pour le temps d'exercice qui restait à celui qu'il remplace.

Si néanmoins ce temps n'excède pas six mois, celui qui est élu demeure en fonctions jusqu'à la fin de la cinquième année suivante.

141.

Chaque membre du directoire le préside à son tour durant trois mois seulement.

Le président a la signature et la garde du sceau.

Les lois et les actes du corps législatif

sont adressés au directoire, en la personne de son président.

142.

Le directoire exécutif ne peut délibérer, s'il n'y a trois membres présens au moins.

143.

Il se choisit, hors de son sein, un secrétaire qui contre-signe les expéditions, et rédige les délibérations sur un registre où chaque membre a le droit de faire inscrire son avis motivé.

Le directoire peut, quand il le juge à propos, délibérer sans l'assistance de son secrétaire; en ce cas, les délibérations sont rédigées sur un registre particulier, par l'un des membres du directoire.

144.

Le directoire pourvoit, d'après les lois, à la sûreté extérieure ou intérieure de la République.

Il peut faire des proclamations conformes aux lois et pour leur exécution.

Il dispose de la force armée, sans qu'en aucun cas, le directoire collectivement, ni aucun de ses membres, puisse la commander, ni pendant le temps de ses fonctions, ni pendant les deux années qui suivent immédiatement l'expiration de ces mêmes fonctions.

145.

Si le directoire est informé qu'il se trame quelque conspiration contre la sûreté extérieure ou intérieure de l'État, il peut décerner des mandats d'amener et des mandats d'arrêt contre ceux qui en sont présumés les auteurs ou les complices ; il peut les interroger : mais il est obligé, sous les peines portées contre le crime de détention arbitraire, de les renvoyer pardevant l'officier de police, dans le délai de deux jours, pour procéder suivant les lois.

146.

Le directoire nomme les généraux en chef; il ne peut les choisir parmi les parens ou alliés de ses membres, dans les degrés exprimés par l'article cent trente-neuf.

147.

Il surveille et assure l'exécution des lois dans les administrations et tribunaux, par des commissaires à sa nomination.

148.

Il nomme hors de son sein les ministres, et les révoque lorsqu'il le juge convenable.

Il ne peut les choisir au-dessous de l'âge de trente ans, ni parmi les parens ou alliés de ses membres, aux degrés énoncés dans l'article cent trente-neuf.

149.

Les ministres correspondent immédiatement avec les autorités qui leur sont subordonnées.

150.

Le corps législatif détermine les attributions et le nombre des ministres.

Ce nombre est de six au moins, et de huit au plus.

151.

Les ministres ne forment point un conseil.

152.

Les ministres sont respectivement responsables tant de l'inexécution des lois que de l'inexécution des arrêtés du directoire.

153.

Le directoire nomme le receveur des impositions directes de chaque département.

154.

Il nomme les préposés en chef aux régies des contributions indirectes et à l'administration des domaines nationaux.

155.

Tous les fonctionnaires publics dans les colonies françaises, excepté les départemens des îles de France et de la Réunion, seront nommés par le directoire jusqu'à la paix.

156.

Le corps législatif peut autoriser le directoire à envoyer dans toutes les colonies françaises, suivant l'exigence des cas, un ou plusieurs agens particuliers nommés par lui pour un temps limité.

Les agens particuliers exerceront les mêmes fonctions que le directoire, et lui seront subordonnés.

157.

Aucun membre du directoire ne peut sortir du territoire de la République, que deux ans après la cessation de ses fonctions.

158.

Il est tenu, pendant cet intervalle, de justifier au corps législatif de sa résidence.

L'article cent douze et les suivans, jusqu'à l'article cent vingt-trois inclusivement, relatifs à la garantie du corps législatif, sont communs aux membres du directoire.

159.

Dans le cas où plus de deux membres du directoire seraient mis en jugement, le corps législatif pourvoira, dans les formes ordinaires, à leur remplacement provisoire durant le jugement.

160.

Hors les cas des articles cent dix-neuf et cent vingt, le directoire, ni aucun de ses membres, ne peut être appelé, ni par le conseil des cinq-cents, ni par le conseil des anciens.

161.

Les comptes et les éclaircissemens demandés par l'un ou l'autre conseil au directoire, sont fournis par écrit.

162.

Le directoire est tenu, chaque année, de présenter, par écrit, à l'un et à l'autre conseil, l'aperçu des dépenses, la situation des finances, l'état des pensions existantes ainsi que le projet de celles qu'il croit convenable d'établir.

Il doit indiquer les abus qui sont à sa connaissance.

163.

Le directoire peut en tout temps inviter, par écrit, le conseil des cinq-cents à prendre un objet en considération ; il peut lui proposer des mesures, mais non des projets rédigés en forme de lois.

164.

Aucun membre du directoire ne peut s'absenter plus de cinq jours, ni s'éloigner au-delà de quatre myriamètres (huit lieues moyennes) du lieu de la résidence du directoire, sans l'autorisation du corps législatif.

165.

Les membres du directoire ne peuvent paraître, dans l'exercice de leurs fonctions, soit au dehors, soit dans l'intérieur de leurs maisons, que revêtus du costume qui leur est propre.

166.

Le directoire a sa garde habituelle, et

soldée aux frais de la République; cette garde est composée de cent vingt hommes à pied et de cent vingt hommes à cheval.

167.

Le directoire est accompagné de sa garde dans les cérémonies et marches publiques, où il a toujours le premier rang.

168.

Chaque membre du directoire se fait accompagner au dehors de deux gardes.

169.

Tout poste de force armée doit au directoire et à chacun de ses membres les honneurs militaires supérieurs.

170.

Le directoire a quatre messagers d'État, qu'il nomme et qu'il peut destituer.

Ils portent aux deux conseils législatifs les lettres et les mémoires du directoire : ils ont entrée à cet effet dans le lieu des séances des conseils législatifs.

Ils marchent précédés de deux huissiers.

171.

Le directoire réside dans la même commune que le corps législatif.

172.

Les membres du directoire sont logés aux frais de la République, et dans un même édifice.

173.

Le traitement de chacun d'eux est fixé, pour chaque année, à la valeur de cinquante mille myriagrammes de froment (10,222 quintaux).

TITRE VII.

CORPS ADMINISTRATIFS ET MUNICIPAUX.

174.

Il y a dans chaque département une administration centrale, et dans chaque canton une administration municipale au moins.

175.

Tout membre d'une administration départementale ou municipale doit être âgé de vingt-cinq ans au moins.

176.

L'ascendant et le descendant en ligne directe, les frères, l'oncle et le neveu, et les alliés aux mêmes degrés, ne peuvent simultanément être membres de la même administration, ni s'y succéder qu'après un intervalle de deux ans.

177.

Chaque administration de département est composée de cinq membres; elle est renouvelée par cinquième tous les ans.

178.

Toute commune dont la population s'élève depuis cinq mille habitans jusqu'à cent mille, a pour elle seule une administration municipale.

179.

Il y a en chaque commune dont la population est inférieure à cinq mille habitans, un agent municipal et un adjoint.

180.

La réunion des agens municipaux de chaque commune, forme la municipalité de canton.

181.

Il y a de plus un président de l'administration municipale, choisi dans tout le canton.

182.

Dans les communes dont la population s'élève de cinq à dix mille habitans, il y a cinq officiers municipaux;

Sept, depuis dix mille jusqu'à cinquante mille;

Neuf, depuis cinquante mille jusqu'à cent mille.

183.

Dans les communes dont la population excède cent mille habitans, il y a au moins trois administrations municipales.

Dans ces communes, la division des municipalités se fait de manière que la population de l'arrondissement de chacune n'excède pas cinquante mille individus, et ne soit pas moindre de trente mille.

La municipalité de chaque arrondissement est composée de sept membres.

184.

Il y a dans les communes divisées en plusieurs municipalités, un bureau central pour les objets jugés indivisibles par le corps législatif.

Ce bureau est composé de trois membres

nommés par l'administration du département, et confirmés par le pouvoir exécutif.

185.

Les membres de toute administration municipale sont nommés pour deux ans, et renouvelés chaque année par moitié ou par partie la plus approximative de la moitié, et alternativement par la fraction la plus forte, et par la fraction la plus faible.

186.

Les administrateurs de département et les membres des administrations municipales peuvent être réélus une fois sans intervalle.

187.

Tout citoyen qui a été deux fois de suite élu administrateur de département ou membre d'une administration municipale, et qui en a rempli les fonctions en vertu de l'une et de l'autre élection, ne peut être élu de nouveau qu'après un intervalle de deux années.

188.

Dans le cas où une administration départementale ou municipale perdrait un ou plusieurs de ses membres par mort, démission ou autrement, les administrateurs restans peuvent s'adjoindre, en remplacement, des administrateurs temporaires, et qui exercent en cette qualité jusqu'aux élections suivantes.

189.

Les administrations départementales et municipales ne peuvent modifier les actes du corps législatif, ni ceux du directoire exécutif, ni en suspendre l'exécution.

Elles ne peuvent s'immiscer dans les objets dépendant de l'ordre judiciaire.

190.

Les administrateurs sont essentiellement chargés de la répartition des contributions directes, et de la surveillance des deniers provenant des revenus publics dans leur territoire.

Le corps législatif détermine les règles et le mode de leurs fonctions, tant sur ces objets que sur les autres parties de l'administration intérieure.

191.

Le directoire exécutif nomme, auprès de chaque administration départementale et municipale, un commissaire, qu'il révoque lorsqu'il le juge convenable.

Ce commissaire surveille et requiert l'exécution des lois.

192.

Le commissaire près de chaque administration locale, doit être pris parmi les citoyens domiciliés depuis un an dans le département où cette administration est établie.

Il doit être âgé de vingt-cinq ans au moins.

193.

Les administrations municipales sont subordonnées aux administrations de département, et celles-ci aux ministres.

En conséquence, les ministres peuvent annuller, chacun dans sa partie, les actes des administrations de département, et celles-ci les actes des administrations municipales, lorsque ces actes sont contraires aux lois ou aux ordres des autorités supérieures.

194.

Les ministres peuvent aussi suspendre les administrateurs de département qui ont contrevenu aux lois ou aux ordres des autorités supérieures ; et les administrations de département ont le même droit à l'égard des membres des administrations municipales.

195.

Aucune suspension ni annullation ne devient définitive sans la confirmation formelle du directoire exécutif.

196.

Le directoire peut aussi annuller immédiatement les actes des administrations départementales ou municipales.

Il peut suspendre ou destituer immédiatement, lorsqu'il le croit nécessaire, les administrateurs, soit de département, soit de canton, et les envoyer devant les tribunaux de département, lorsqu'il y a lieu.

197.

Tout arrêté portant cassation d'actes, suspension ou destitution d'administrateurs, doit être motivé.

198.

Lorsque les cinq membres d'une administration départementale sont destitués,

le

le directoire exécutif pourvoit à leur remplacement jusqu'à l'élection suivante ; mais il ne peut choisir leurs suppléans provisoires que parmi les anciens administrateurs du même département.

199.

Les administrations, soit de département, soit de canton, ne peuvent correspondre entre elles que sur les affaires qui leur sont attribuées par la loi, et non sur les intérêts généraux de la République.

200.

Toute administration doit annuellement le compte de sa gestion.

Les comptes rendus par les administrations départementales sont imprimés.

201.

Tous les actes des corps administratifs sont rendus publics par le dépôt du registre où ils sont consignés, et qui est ouvert à tous les administrés.

Ce registre est clos tous les six mois, et n'est déposé que du jour qu'il a été clos.

Le corps législatif peut proroger, selon les circonstances, le délai fixé pour ce dépôt.

TITRE VIII.

POUVOIR JUDICIAIRE.

Dispositions générales.

202.

LES fonctions judiciaires ne peuvent être exercées, ni par le corps législatif, ni par le pouvoir exécutif.

203.

Les juges ne peuvent s'immiscer dans l'exercice du pouvoir législatif, ni faire aucun réglement.

Ils ne peuvent arrêter ou suspendre l'exécution d'aucune loi, ni citer devant eux les administrateurs pour raison de leurs fonctions.

204.

Nul ne peut être distrait des juges que la loi lui assigne, par aucune commission, ni par d'autres attributions que celles qui sont déterminées par une loi antérieure.

205.

La justice est rendue gratuitement.

206.

Les juges ne peuvent être destitués que pour forfaiture légalement jugée, ni suspendus que par une accusation admise.

207.

L'ascendant et le descendant en ligne directe, les frères, l'oncle et le neveu, les cousins au premier degré, et les alliés à ces divers degrés, ne peuvent être simultanément membres du même tribunal.

208.

Les séances des tribunaux sont publiques ; les juges délibèrent en secret ; les jugemens sont prononcés à haute voix ; ils sont motivés, et on y énonce les termes de la loi appliquée.

209.

Nul citoyen, s'il n'a l'âge de trente ans accomplis, ne peut être élu juge d'un tribunal de département, ni juge de paix, ni assesseur de juge de paix, ni juge d'un tribunal de commerce, ni membre du tribunal de cassation, ni juré, ni commissaire du directoire exécutif près les tribunaux.

De la Justice civile.

210.

Il ne peut être porté atteinte au droit de faire prononcer sur les différens par des arbitres du choix des parties.

211.

La décision de ces arbitres est sans appel et sans recours en cassation, si les parties ne l'ont expressément réservé.

212.

Il y a dans chaque arrondissement déterminé par la loi, un juge de paix et ses assesseurs.

Ils sont tous élus pour deux ans, et peuvent être immédiatement et indéfiniment réélus.

213.

La loi détermine les objets dont les juges de paix et leurs assesseurs connaissent en dernier ressort.

Elle leur en attribue d'autres qu'ils jugent à la charge de l'appel.

214.

Il y a des tribunaux particuliers pour

le commerce de terre et de mer; la loi détermine les lieux où il est utile de les établir.

Leur pouvoir de juger en dernier ressort ne peut être étendu au-delà de la valeur de 500 myriagrammes de froment (102 quintaux 22 livres).

215.

Les affaires dont le jugement n'appartient ni aux juges de paix ni aux tribunaux de commerce, soit en dernier ressort, soit à la charge d'appel, sont portées immédiatement devant le juge de paix et ses assesseurs, pour être conciliées.

Si le juge de paix ne peut les concilier, il les renvoie devant le tribunal civil.

216.

Il y a un tribunal civil par département.

Chaque tribunal civil est composé de vingt juges au moins, d'un commissaire et d'un substitut nommés et destituables par le directoire exécutif, et d'un greffier.

Tous les cinq ans on procède à l'élection de tous les membres du tribunal.

Les juges peuvent toujours être réélus.

217.

Lors de l'élection des juges, il est nommé cinq suppléans, dont trois sont pris parmi les citoyens résidant dans la commune où siége le tribunal.

218.

Le tribunal civil prononce en dernier ressort, dans les cas déterminés par la loi, sur les appels des jugemens, soit des juges de paix, soit des arbitres, soit des tribunaux de commerce.

219.

L'appel des jugemens prononcés par le tribunal civil se porte au tribunal civil de l'un des trois des départemens les plus voisins, ainsi qu'il est déterminé par la loi.

220.

Le tribunal civil se divise en sections.

Une section ne peut juger au-dessous du nombre de cinq juges.

221.

Les juges réunis dans chaque tribunal nomment entre eux, au scrutin secret, le président de chaque section.

De la Justice correctionnelle et criminelle.

222.

Nul ne peut être saisi que pour être conduit devant l'officier de police ; et nul ne peut être mis en arrestation ou détenu, qu'en vertu d'un mandat d'arrêt des officiers de police, ou du directoire exécutif dans le cas de l'article cent quarante-cinq, ou d'une ordonnance de prise-de-corps, soit d'un tribunal, soit du directeur du jury d'accusation, ou d'un décret d'accusation du corps législatif, dans les cas où il lui appartient de la prononcer, ou d'un jugement de condamnation à la prison ou détention correctionnelle.

223.

Pour que l'acte qui ordonne l'arrestation puisse être exécuté, il faut,

1.° Qu'il exprime formellement le motif de l'arrestation, et la loi en conformité de laquelle elle est ordonnée ;

2.° Qu'il ait été notifié à celui qui en est l'objet, et qu'il lui en ait été laissé copie.

224.

Toute personne saisie et conduite devant

l'officier de police, sera examinée sur-le-champ, ou dans le jour au plus tard.

225.

S'il résulte de l'examen, qu'il n'y a aucun sujet d'inculpation contre elle, elle sera remise aussitôt en liberté ; ou, s'il y a lieu de l'envoyer à la maison d'arrêt, elle y sera conduite dans le plus bref délai, qui, en aucun cas, ne pourra excéder trois jours.

226.

Nulle personne arrêtée ne peut être retenue, si elle donne caution suffisante, dans tous les cas où la loi permet de rester libre sous le cautionnement.

227.

Nulle personne, dans le cas où sa détention est autorisée par la loi, ne peut être conduite ou détenue que dans les lieux légalement et publiquement désignés pour servir de maison d'arrêt, de maison de justice ou de maison de détention.

228.

Nul gardien ou geolier ne peut recevoir ni retenir aucune personne qu'en vertu d'un mandat d'arrêt, selon les formes prescrites par les articles deux cent vingt-deux et deux cent vingt-trois, d'une ordonnance de prise-de-corps, d'un décret d'accusation, ou d'un jugement de condamnation à prison ou détention correctionnelle, et sans que la transcription en ait été faite sur son registre.

229.

Tout gardien ou geolier est tenu, sans qu'aucun ordre puisse l'en dispenser, de représenter la personne détenue à l'officier civil ayant la police de la maison de détention, toutes les fois qu'il en sera requis par cet officier.

230.

La représentation de la personne détenue ne pourra être refusée à ses parens et amis porteurs de l'ordre de l'officier civil, lequel sera toujours tenu de l'accorder, à moins que le gardien ou geolier ne représente une ordonnance du juge, transcrite sur son registre, pour tenir la personne arrêtée au secret.

231.

Tout homme, quelle que soit sa place

ou son emploi, autre que ceux à qui la loi donne le droit d'arrestation, qui donnera, signera, exécutera ou fera exécuter l'ordre d'arrêter un individu; ou quiconque, même dans le cas d'arrestation autorisée par la loi, conduira, recevra ou retiendra un individu dans un lieu de détention non publiquement et légalement désigné; et tous gardiens ou geoliers qui contreviendront aux dispositions des trois articles précédens, seront coupables du crime de détention arbitraire.

232.

Toutes rigueurs employées dans les arrestations, détentions, ou exécutions, autres que celles prescrites par la loi, sont des crimes.

233.

Il y a dans chaque département, pour le jugement des délits dont la peine n'est ni afflictive, ni infamante, trois tribunaux correctionnels au moins, et six au plus.

Ces tribunaux ne pourront prononcer de peine plus grave que l'emprisonnement pour deux années.

La connaissance des délits dont la peine

n'excède pas, soit la valeur de trois journées de travail, soit un emprisonnement de trois jours, est déléguée au juge de paix, qui prononce en dernier ressort.

234.

Chaque tribunal correctionnel est composé d'un président, de deux juges de paix ou assesseurs de juges de paix de la commune où il est établi, d'un commissaire du pouvoir exécutif, nommé et destituable par le directoire exécutif, et d'un greffier.

235.

Le président de chaque tribunal correctionnel est pris tous les six mois, et par tour, parmi les membres des sections du tribunal civil du département, les présidens exceptés.

236.

Il y a appel des jugemens du tribunal correctionnel par-devant le tribunal criminel du département.

237.

En matière de délits emportant peine afflictive ou infamante, nulle personne ne peut être jugée que sur une accusation admise par les jurés, ou décrétée par le corps législatif, dans le cas où il lui appartient de décréter d'accusation.

238.

Un premier jury déclare si l'accusation doit être admise ou rejetée : le fait est reconnu par un second jury, et la peine déterminée par la loi est appliquée par des tribunaux criminels.

239.

Les jurés ne votent que par scrutin secret.

240.

Il y a, dans chaque département, autant de jurys d'accusation que de tribunaux correctionnels.

Les présidens des tribunaux correctionnels en sont les directeurs, chacun dans son arrondissement.

Dans les communes au-dessus de cinquante mille ames, il pourra être établi par la loi, outre le président du tribunal correctionnel, autant de directeurs de jurys d'accusation que l'expédition des affaires l'exigera.

241.

241.

Les fonctions de commissaire du pouvoir exécutif et de greffier près le directeur du jury d'accusation, sont remplies par le commissaire et par le greffier du tribunal correctionnel.

242.

Chaque directeur du jury d'accusation a la surveillance immédiate de tous les officiers de police de son arrondissement.

243.

Le directeur du jury poursuit immédiatement, comme officier de police, sur les dénonciations que lui fait l'accusateur public, soit d'office, soit d'après les ordres du directoire exécutif,

1.° Les attentats contre la liberté ou la sûreté individuelle des citoyens ;

2.° Ceux commis contre le droit des gens ;

3.° La rebellion à l'exécution, soit des jugemens, soit de tous les actes exécutoires émanés des autorités constituées ;

4.° Les troubles occasionnés et les voies de fait commises pour entraver la perception des contributions, la libre circulation des subsistances et des autres objets de commerce.

244.

Il y a un tribunal criminel pour chaque département.

245.

Le tribunal criminel est composé d'un président, d'un accusateur public, de quatre juges pris dans le tribunal civil, du commissaire du pouvoir exécutif près le même tribunal, ou de son substitut, et d'un greffier.

Il y a dans le tribunal criminel du département de la Seine, un vice-président et un substitut de l'accusateur public : ce tribunal est divisé en deux sections; huit membres du tribunal civil y exercent les fonctions de juges.

246.

Les présidens des sections du tribunal civil ne peuvent remplir les fonctions de juges au tribunal criminel.

247.

Les autres juges y font le service, chacun à son tour, pendant six mois, dans l'ordre de leur nomination, et ils ne peuvent pendant ce temps exercer aucune fonction au tribunal civil.

248.

L'accusateur public est chargé,

1.° De poursuivre les délits sur les actes d'accusation admis par les premiers jurés;

2.° De transmettre aux officiers de police les dénonciations qui lui sont adressées directement;

3.° De surveiller les officiers de police du département, et d'agir contre eux suivant la loi, en cas de négligence ou de faits plus graves.

249.

Le commissaire du pouvoir exécutif est chargé,

1.° De requérir, dans le cours de l'instruction, pour la régularité des formes, et avant le jugement, pour l'application de la loi;

2.° De poursuivre l'exécution des jugemens rendus par le tribunal criminel.

250.

Les juges ne peuvent proposer aux jurés aucune question complexe.

251.

Le jury de jugement est de douze jurés au moins : l'accusé a la faculté d'en récuser, sans donner de motifs, un nombre que la loi détermine.

252.

L'instruction devant le jury de jugement est publique, et l'on ne peut refuser aux accusés le secours d'un conseil, qu'ils ont la faculté de choisir, ou qui leur est nommé d'office.

253.

Toute personne acquittée par un jury légal, ne peut plus être reprise ni accusée pour le même fait.

Du Tribunal de cassation.

254.

Il y a pour toute la République un tribunal de cassation.

Il prononce,

1.° Sur les demandes en cassation contre les jugemens en dernier ressort rendus par les tribunaux;

2.° Sur les demandes en renvoi d'un

tribunal à un autre, pour cause de suspicion légitime ou de sûreté publique ;

3.° Sur les réglemens de juges et les prises-à-partie contre un tribunal entier.

255.

Le tribunal de cassation ne peut jamais connaître du fond des affaires ; mais il casse les jugemens rendus sur des procédures dans lesquelles les formes ont été violées, ou qui contiennent quelque contravention expresse à la loi, et il renvoie le fond du procès au tribunal qui doit en connaître.

256.

Lorsqu'après une cassation le second jugement sur le fond est attaqué par les mêmes moyens que le premier, la question ne peut plus être agitée au tribunal de cassation, sans avoir été soumise au corps législatif, qui porte une loi à laquelle le tribunal de cassation est tenu de se conformer.

257.

Chaque année le tribunal de cassation est tenu d'envoyer à chacune des sections du corps législatif une députation qui lui présente l'état des jugemens rendus, avec la notice en marge, et le texte de la loi qui a déterminé le jugement.

258.

Le nombre des juges du tribunal de cassation ne peut excéder les trois quarts du nombre des départemens.

259.

Ce tribunal est renouvelé par cinquième tous les ans.

Les assemblées électorales des départemens nomment successivement et alternativement les juges qui doivent remplacer ceux qui sortent du tribunal de cassation.

Les juges de ce tribunal peuvent toujours être réélus.

260.

Chaque juge du tribunal de cassation a un suppléant élu par la même assemblée électorale.

261.

Il y a près du tribunal de cassation un commissaire et des substituts, nommés et destituables par le directoire exécutif.

262.

Le directoire exécutif dénonce au tribunal de cassation, par la voie de son commissaire, et sans préjudice du droit de parties intéressées, les actes par lesquels les juges ont excédé leurs pouvoirs.

263.

Le tribunal annulle ces actes ; et s'ils donnent lieu à la forfaiture, le fait est dénoncé au corps législatif, qui rend le décret d'accusation, après avoir entendu ou appelé les prévenus.

264.

Le corps législatif ne peut annuller les jugemens du tribunal de cassation, sauf à poursuivre personnellement les juges qui auraient encouru la forfaiture.

Haute-Cour de justice.

265.

Il y a une haute-cour de justice pour juger les accusations admises par le corps législatif, soit contre ses propres membres, soit contre ceux du directoire exécutif.

266.

La haute-cour de justice est composée de cinq juges et de deux accusateurs nationaux tirés du tribunal de cassation, et de hauts-jurés nommés par les assemblées électorales des départemens.

267.

La haute-cour de justice ne se forme qu'en vertu d'une proclamation du corps législatif, rédigée et publiée par le conseil des cinq-cents.

268.

Elle se forme et tient ses séances dans le lieu désigné par la proclamation du conseil des cinq-cents.

Ce lieu ne peut être plus près qu'à douze myriamètres de celui où réside le corps législatif.

269.

Lorsque le corps législatif a proclamé la formation de la haute-cour de justice, le tribunal de cassation tire au sort quinze de ses membres dans une séance publique ; il nomme de suite, dans la même séance, par la voie du scrutin secret, cinq de ces quinze ; les cinq juges ainsi nommés sont les juges de la haute-cour de justice ; ils choisissent entre eux un président.

270.

Le tribunal de cassation nomme dans la même séance, par scrutin, à la majorité absolue, deux de ses membres, pour remplir, à la haute-cour de justice, les fonctions d'accusateurs nationaux.

271.

Les actes d'accusation sont dressés et rédigés par le conseil des cinq-cents.

272.

Les assemblées électorales de chaque département nomment, tous les ans, un juré pour la haute-cour de justice.

273.

Le directoire exécutif fait imprimer et publier, un mois après l'époque des élections, la liste des jurés nommés pour la haute-cour de justice.

TITRE IX.

DE LA FORCE ARMÉE.

274.

La force armée est instituée pour défendre l'État contre les ennemis du dehors, et pour assurer au dedans le maintien de l'ordre et l'exécution des lois.

275.

La force publique est essentiellement obéissante : nul corps armé ne peut délibérer.

276.

Elle se distingue en garde nationale sédentaire et garde nationale en activité.

De la Garde nationale sédentaire.

277.

La garde nationale sédentaire est composée de tous les citoyens et fils de citoyens en état de porter les armes.

278.

Son organisation et sa discipline sont les mêmes pour toute la République ; elles sont déterminées par la loi.

279.

Aucun Français ne peut exercer les droits de citoyen, s'il n'est inscrit au rôle de la garde nationale sédentaire.

280.

Les distinctions de grades et la subordination n'y subsistent que relativement au service et pendant sa durée.

281.

Les officiers de la garde nationale sédentaire sont élus à temps par les citoyens qui la composent, et ne peuvent être réélus qu'après un intervalle.

282.

Le commandement de la garde nationale d'un département entier ne peut être confié habituellement à un seul citoyen.

283.

S'il est jugé nécessaire de rassembler toute la garde nationale d'un département, le directoire exécutif peut nommer un commandant temporaire.

284.

Le commandement de la garde nationale sédentaire, dans une ville de cent mille habitans et au dessus, ne peut être habituellement confié à un seul homme.

De la Garde nationale en activité.

285.

La République entretient à sa solde,

même en temps de paix, sous le nom de garde nationale en activité, une armée de terre et de mer.

286.

L'armée se forme par enrôlement volontaire, et en cas de besoin, par le mode que la loi détermine.

287.

Aucun étranger qui n'a point acquis les droits de citoyen français, ne peut être admis dans les armées françaises, à moins qu'il n'ait fait une ou plusieurs campagnes pour l'établissement de la République.

288.

Les commandans ou chefs de terre et de mer ne sont nommés qu'en cas de guerre; ils reçoivent du directoire exécutif des commissions révocables à volonté. La durée de ces commissions se borne à une campagne; mais elles peuvent être continuées.

289.

Le commandement général des armées de la République ne peut être confié à un seul homme.

290.

L'armée de terre et de mer est soumise à des lois particulières pour la discipline, la forme des jugemens et la nature des peines.

291.

Aucune partie de la garde nationale sédentaire, ni de la garde nationale en activité, ne peut agir pour le service intérieur de la République, que sur la réquisition par écrit de l'autorité civile, dans les formes prescrites par la loi.

292.

La force publique ne peut être requise par les autorités civiles que dans l'étendue de leur territoire; elle ne peut se transporter d'un canton dans un autre, sans y être autorisée par l'administration de département, ni d'un département dans un autre, sans les ordres du directoire exécutif.

293.

Néanmoins le corps législatif détermine les moyens d'assurer par la force publique l'exécution des jugemens et la poursuite des accusés sur tout le territoire français.

294.

En cas de dangers imminens, l'administration municipale d'un canton peut requérir la garde nationale des cantons voisins ; en ce cas, l'administration qui a requis, et les chefs des gardes nationales qui ont été requises, sont également tenus d'en rendre compte au même instant à l'administration départementale.

295.

Aucune troupe étrangère ne peut être introduite sur le territoire français, sans le consentement préalable du corps législatif.

TITRE X.

INSTRUCTION PUBLIQUE.

296.

Il y a dans la République des écoles primaires où les élèves apprennent à lire, à écrire, les élémens du calcul et ceux de la morale. La République pourvoit aux frais du logement des instituteurs préposés à ces écoles.

297.

Il y a dans les diverses parties de la République des écoles supérieures aux écoles primaires, et dont le nombre sera tel, qu'il y en ait au moins une pour deux départemens.

298.

Il y a, pour toute la République, un institut national chargé de recueillir les découvertes, de perfectionner les arts et les sciences.

299.

Les divers établissemens d'instruction publique n'ont entre eux aucun rapport de subordination, ni de correspondance administrative.

300.

Les citoyens ont le droit de former des établissemens particuliers d'éducation et d'instruction, ainsi que des sociétés libres, pour concourir aux progrès des sciences, des lettres et des arts.

301.

Il sera établi des fêtes nationales pour entretenir la fraternité entre les citoyens, et les attacher à la constitution, à la patrie et aux lois.

TITRE XI.

FINANCES.

Contributions.

302.

LES contributions publiques sont délibérées et fixées chaque année par le corps législatif. A lui seul appartient d'en établir. Elles ne peuvent subsister au-delà d'un an, si elles ne sont expressément renouvelées.

303.

Le corps législatif peut créer tel genre de contribution qu'il croira nécessaire : mais il doit établir chaque année une imposition foncière et une imposition personnelle.

304.

Tout individu qui, n'étant pas dans le cas des articles douze et treize de la constitution, n'a pas été compris au rôle des contributions directes, a le droit de se présenter à l'administration municipale de sa commune, et de s'y inscrire pour une contribution personnelle égale à la valeur locale de trois journées de travail agricole.

305.

L'inscription mentionnée dans l'article précédent, ne peut se faire que durant le mois de messidor de chaque année.

306.

Les contributions de toute nature sont réparties entre tous les contribuables, à raison de leurs facultés.

307.

Le directoire exécutif dirige et surveille la perception et le versement des contributions, et donne à cet effet tous les ordres nécessaires.

308.

Les comptes détaillés de la dépense des ministres, signés et certifiés par eux, sont rendus publics au commencement de chaque année.

Il en sera de même des états de recette des diverses contributions, et de tous les revenus publics.

309.

Les états de ces dépenses et recettes sont

distingués suivant leur nature; ils expriment les sommes touchées et dépensées, année par année, dans chaque partie d'administration générale.

310.

Sont également publiés les comptes des dépenses particulières aux départemens, et relatives aux tribunaux, aux administrations, aux progrès des sciences, à tous les travaux et établissemens publics.

311.

Les administrations de département et les municipalités ne peuvent faire aucune répartition au-delà des sommes fixées par le corps législatif, ni délibérer ou permettre, sans être autorisées par lui, aucun emprunt local à la charge des citoyens du département, de la commune ou du canton.

312.

Au corps législatif seul appartient le droit de régler la fabrication et l'émission de toute espèce de monnaies, d'en fixer la valeur et le poids, et d'en déterminer le type.

313.

Le directoire surveille la fabrication des

monnaies, et nomme les officiers chargés d'exercer immédiatement cette inspection.

314.

Le corps législatif détermine les contributions des colonies et leurs rapports commerciaux avec la métropole.

Trésorerie nationale et Comptabilité.

315.

Il y a cinq commissaires de la trésorerie nationale, élus par le conseil des anciens, sur une liste triple présentée par celui des cinq-cents.

316.

La durée de leurs fonctions est de cinq années : l'un d'eux est renouvelé tous les ans, et peut être réélu sans intervalle et indéfiniment.

317.

Les commissaires de la trésorerie sont chargés de surveiller la recette de tous les deniers nationaux ;

D'ordonner les mouvemens de fonds et le paiement de toutes les dépenses publiques consenties par le corps législatif ;

De tenir un compte ouvert de dépense et de recette avec le receveur des contributions directes de chaque département, avec les différentes régies nationales, et avec les payeurs qui seraient établis dans les départemens ;

D'entretenir avec lesdits receveurs et payeurs, avec les régies et administrations, la correspondance nécessaire pour assurer la rentrée exacte et régulière des fonds.

318.

Ils ne peuvent rien faire payer, sous peine de forfaiture, qu'en vertu,

1.° D'un décret du corps législatif, et jusqu'à concurrence des fonds décrétés par lui sur chaque objet ;

2.° D'une décision du directoire ;

3.° De la signature du ministre qui ordonne la dépense.

319.

Ils ne peuvent aussi, sous peine de forfaiture, approuver aucun paiement, si le mandat, signé par le ministre que ce genre de dépense concerne, n'énonce pas la date, tant de la décision du directoire exécutif, que des décrets du corps législatif qui autorisent le paiement.

320.

Les receveurs des contributions directes dans chaque département, les différentes régies nationales, et les payeurs dans les départemens, remettent à la trésorerie nationale leurs comptes respectifs : la trésorerie les vérifie et les arrête.

321.

Il y a cinq commissaires de la comptabilité nationale, élus par le corps législatif, aux mêmes époques et selon les mêmes formes et conditions que les commissaires de la trésorerie.

322.

Le compte général des recettes et des dépenses de la République, appuyé des comptes particuliers et des pièces justificatives, est présenté par les commissaires de la trésorerie aux commissaires de la comptabilité, qui le vérifient et l'arrêtent.

323.

Les commissaires de la comptabilité donnent connaissance au corps législatif des abus, malversations, et de tous les cas de responsabilité qu'ils découvrent dans le cours de leurs opérations ; ils proposent dans leur partie les mesures convenables aux intérêts de la République.

324.

Le résultat des comptes arrêtés par les commissaires de la comptabilité est imprimé et rendu public.

325.

Les commissaires, tant de la trésorerie nationale que de la comptabilité, ne peuvent être suspendus ni destitués que par le corps législatif.

Mais, durant l'ajournement du corps législatif, le directoire exécutif peut suspendre et remplacer provisoirement les commissaires de la trésorerie nationale au nombre de deux au plus, à charge d'en référer à l'un et à l'autre conseil du corps législatif, aussitôt qu'ils ont repris leurs séances.

TITRE XII.

RELATIONS EXTÉRIEURES.

326.

La guerre ne peut être décidée que

par un décret du corps législatif, sur la proposition formelle et nécessaire du directoire exécutif.

327.

Les deux conseils législatifs concourent dans les formes ordinaires, au décret par lequel la guerre est décidée.

328.

En cas d'hostilités imminentes ou commencées, de menaces ou de préparatifs de guerre contre la République française, le directoire exécutif est tenu d'employer, pour la défense de l'État, les moyens mis à sa disposition, à la charge d'en prévenir sans délai le corps législatif.

Il peut même indiquer, en ce cas, les augmentations de forces et les nouvelles dispositions législatives que les circonstances pourraient exiger.

329.

Le directoire seul peut entretenir des relations politiques au dehors, conduire les négociations, distribuer les forces de terre et de mer, ainsi qu'il le juge convenable, et en régler la direction en cas de guerre.

330.

Il est autorisé à faire les stipulations préliminaires, telles que des armistices, des neutralisations ; il peut arrêter aussi des conventions secrètes.

331.

Le directoire exécutif arrête, signe ou fait signer avec les puissances étrangères tous les traités de paix, d'alliance, de trève, de neutralité, de commerce, et autres conventions qu'il juge nécessaires au bien de l'État.

Ces traités et conventions sont négociés, au nom de la République française, par des agens diplomatiques nommés par le directoire exécutif, et chargés de ses instructions.

332.

Dans le cas où un traité renferme des articles secrets, les dispositions de ces articles ne peuvent être destructives des articles patens, ni contenir aucune aliénation du territoire de la République.

333.

Les traités ne sont valables qu'après avoir été examinés et ratifiés par le corps législatif; néanmoins

néanmoins les conditions secrètes peuvent recevoir provisoirement leur exécution dès l'instant même où elles sont arrêtées par le directoire.

334.

L'un et l'autre conseil législatif ne délibèrent sur la guerre ni sur la paix, qu'en comité général.

335.

Les étrangers, établis ou non en France, succèdent à leurs parens étrangers ou français ; ils peuvent contracter, acquérir et recevoir des biens situés en France, et en disposer, de même que les citoyens français, par tous les moyens autorisés par les lois.

TITRE XIII.

RÉVISION DE LA CONSTITUTION.

336.

SI l'expérience faisait sentir les inconvéniens de quelques articles de la constitution, le conseil des anciens en proposerait la révision.

337.

La proposition du conseil des anciens est, en ce cas, soumise à la ratification du conseil des cinq-cents.

338.

Lorsque, dans un espace de neuf années, la proposition du conseil des anciens, ratifiée par le conseil des cinq-cents, a été faite à trois époques éloignées l'une de l'autre de trois années au moins, une assemblée de révision est convoquée.

339.

Cette assemblée est formée de deux membres par département, tous élus de la même manière que les membres du corps législatif, et réunissant les mêmes conditions que celles exigées pour le conseil des anciens.

340.

Le conseil des anciens désigne, pour la réunion de l'assemblée de révision, un lieu distant de vingt myriamètres au moins de celui où siége le corps législatif.

341.

L'assemblée de révision a le droit de changer le lieu de sa résidence, en observant la distance prescrite par l'article précédent.

342.

L'assemblée de révision n'exerce aucune fonction législative ni de gouvernement; elle se borne à la révision des seuls articles constitutionnels qui lui ont été désignés par le corps législatif.

343.

Tous les articles de la constitution, sans exception, continuent d'être en vigueur tant que les changemens proposés par l'assemblée de révision n'ont pas été acceptés par le peuple.

344.

Les membres de l'assemblée de révision délibèrent en commun.

345.

Les citoyens qui sont membres du corps législatif au moment où une assemblée de révision est convoquée, ne peuvent être élus membres de cette assemblée.

346.

L'assemblée de révision adresse immédiatement aux assemblées primaires le projet de réforme qu'elle a arrêté.

Elle est dissoute dès que ce projet leur a été adressé.

347.

En aucun cas, la durée de l'assemblée de révision ne peut excéder trois mois.

348.

Les membres de l'assemblée de révision ne peuvent être recherchés, accusés ni jugés, en aucun temps, pour ce qu'ils ont dit ou écrit dans l'exercice de leurs fonctions.

Pendant la durée de ces fonctions, ils ne peuvent être mis en jugement, si ce n'est par une décision des membres mêmes de l'assemblée de révision.

349.

L'assemblée de révision n'assiste à aucune cérémonie publique; ses membres reçoivent la même indemnité que celle des membres du corps législatif.

350.

L'assemblée de révision a le droit d'exercer ou faire exercer la police dans la commune où elle réside.

TITRE XIV.

DISPOSITIONS GÉNÉRALES.

351.

Il n'existe entre les citoyens d'autre supériorité que celle des fonctionnaires publics, et relativement à l'exercice de leurs fonctions.

352.

La loi ne reconnaît ni vœux religieux, ni aucun engagement contraire aux droits naturels de l'homme.

353.

Nul ne peut être empêché de dire, écrire, imprimer et publier sa pensée.

Les écrits ne peuvent être soumis à aucune censure avant leur publication.

Nul ne peut être responsable de ce qu'il a écrit ou publié, que dans les cas prévus par la loi.

354.

Nul ne peut être empêché d'exercer, en se conformant aux lois, le culte qu'il a choisi.

Nul ne peut être forcé de contribuer aux dépenses d'aucun culte. La République n'en salarie aucun.

355.

Il n'y a ni privilége, ni maîtrise, ni jurande, ni limitation à la liberté de la presse, du commerce et à l'exercice de l'industrie et des arts de toute espèce.

Toute loi prohibitive en ce genre, quand les circonstances la rendent nécessaire, est essentiellement provisoire, et n'a d'effet que pendant un an au plus, à moins qu'elle ne soit formellement renouvelée.

356.

La loi surveille particulièrement les professions qui intéressent les mœurs publiques, la sûreté et la santé des citoyens ; mais on ne peut faire dépendre l'admission à l'exercice de ces professions d'aucune prestation pécuniaire.

357.

La loi doit pourvoir à la récompense des inventeurs ou au maintien de la propriété exclusive de leurs découvertes ou de leurs productions.

358.

La constitution garantit l'inviolabilité de toutes les propriétés, ou la juste indemnité de celles dont la nécessité publique, légalement constatée, exigerait le sacrifice.

359.

La maison de chaque citoyen est un asyle inviolable : pendant la nuit, nul n'a le droit d'y entrer que dans les cas d'incendie, d'inondation, ou de réclamation venant de l'intérieur de la maison.

Pendant le jour, on peut y exécuter les ordres des autorités constituées.

Aucune visite domiciliaire ne peut avoir lieu qu'en vertu d'une loi, et pour la personne ou l'objet expressément désigné dans l'acte qui ordonne la visite.

360.

Il ne peut être formé de corporations ni d'associations contraires à l'ordre public.

361.

Aucune assemblée de citoyens ne peut se qualifier société populaire.

362.

Aucune société particulière, s'occupant de questions politiques, ne peut correspondre avec aucune autre, ni s'affilier à elle, ni tenir des séances publiques composées de sociétaires et d'assistans distingués les uns des autres, ni imposer des conditions d'admission et d'éligibilité, ni s'arroger des droits d'exclusion, ni faire porter à ses membres aucun signe extérieur de leur association.

363.

Les citoyens ne peuvent exercer leurs droits politiques que dans les assemblées primaires ou communales.

364.

Tous les citoyens sont libres d'adresser aux autorités publiques des pétitions, mais elles doivent être individuelles ; nulle association ne peut en présenter de collectives, si ce n'est les autorités constituées, et seulement pour des objets propres à leur attribution.

Les pétitionnaires ne doivent jamais oublier le respect dû aux autorités constituées.

365.

Tout attroupement armé est un attentat à la constitution ; il doit être dissipé sur-le-champ par la force.

366.

Tout attroupement non armé doit être également dissipé, d'abord par voie de commandement verbal, et, s'il est nécessaire, par le développement de la force armée.

367.

Plusieurs autorités constituées ne peuvent

jamais se réunir pour délibérer ensemble ; aucun acte émané d'une telle réunion ne peut être exécuté.

368.

Nul ne peut porter de marques distinctives qui rappellent des fonctions antérieurement exercées, ou des services rendus.

369.

Les membres du corps législatif, et tous les fonctionnaires publics, portent, dans l'exercice de leurs fonctions, le costume ou le signe de l'autorité dont ils sont revêtus : la loi en détermine la forme.

370.

Nul citoyen ne peut renoncer, ni en tout ni en partie, à l'indemnité ou au traitement qui lui est attribué par la loi, à raison de fonctions publiques.

371.

Il y a dans la République uniformité de poids et de mesures.

372.

L'ère française commence au 22 septembre 1792, jour de la fondation de la République.

373.

La Nation française déclare qu'en aucun cas elle ne souffrira le retour des Français qui, ayant abandonné leur patrie depuis le 15 juillet 1789, ne sont pas compris dans les exceptions portées aux lois rendues contre les émigrés; et elle interdit au corps législatif de créer de nouvelles exceptions sur ce point.

Les biens des émigrés sont irrévocablement acquis au profit de la République.

374.

La Nation française proclame pareillement, comme garantie de la foi publique, qu'après une adjudication légalement consommée de biens nationaux, quelle qu'en soit l'origine, l'acquéreur légitime ne peut en être dépossédé, sauf aux tiers réclamans à être, s'il y a lieu, indemnisés par le trésor national.

375.

Aucun des pouvoirs institués par la constitution n'a le droit de la changer dans son ensemble ni dans aucune de ses parties, sauf les réformes qui pourront y être faites par la voie de la révision, conformément aux dispositions du titre XIII.

376.

Les citoyens se rappelleront sans cesse que c'est de la sagesse des choix dans les assemblées primaires et électorales, que dépendent principalement la durée, la conservation et la prospérité de la République.

377.

Le Peuple français remet le dépôt de la présente constitution à la fidélité du corps législatif, du directoire exécutif, des administrateurs et des juges; à la vigilance des pères de famille, aux épouses et aux mères; à l'affection des jeunes citoyens, au courage de tous les Français.

Visé par les représentans du peuple, inspecteurs aux procès-verbaux.

Signé LEHAULT, ENJUBAULT.

Collationné à l'original, par nous président et secrétaires de la convention nationale. A Paris, le 5 fructidor, an troisième de la République française, une et indivisible. *Signé* MARIE-JOSEPH CHÉNIER, *président*; DERAZEY, SOULIGNAC, BERNIER, LAURENCEOT, DENTZEL, QUIROT, *secrétaires*.

LOI

Portant proclamation de l'acceptation, par le Peuple français, de la Constitution qui lui a été présentée par la Convention nationale.

Du premier Vendémiaire.

LA convention nationale, après avoir entendu le rapport que lui a fait son comité des décrets, procès-verbaux et archives, du recensement des votes émis sur la constitution présentée à l'acceptation du peuple français, déclare, au nom du peuple français, que la constitution est acceptée, et qu'elle est la loi fondamentale de la République.

Visé par les représentans du peuple, inspecteurs aux procès-verbaux.

Signé *LEHAULT, ENJUBAULT.*

Collationné à l'original, par nous président et secrétaires de la convention nationale. A Paris, le premier vendémiaire, an quatrième de la République française, une et indivisible. *Signé* T. BERLIER, *président;* GARRAU, GOURDAN, J. POISSON, DERAZEY, BERNIER, *secrétaires.*

LOIS

LOIS RELATIVES À LA CONSTITUTION.

EXTRAIT de la loi du 5 Fructidor, an III, sur les moyens de terminer la Révolution.

TITRE III.

ART. XIV.

LES assemblées, tant primaires qu'électorales, qui vont être successivement convoquées, le sont par anticipation sur celles de l'an IV, pendant lequel il n'en sera plus tenu.

XV. Quinze jours avant la tenue des assemblées primaires du mois germinal de l'an V, les membres de la convention nationale qui auront pris place dans l'un et l'autre conseil, tireront au sort la sortie de la moitié d'entre eux, laquelle formera le tiers du corps législatif pour le renouvellement annuel prescrit par la constitution.

XVI. Ceux qui sortiront alors par la voie du sort, seront immédiatement rééligibles.

LOI

Relative aux fonctions des Corps administratifs et municipaux, en exécution du titre VII de l'Acte constitutionnel.

Du 21 Fructidor.

LA convention nationale, après avoir entendu le rapport de sa commission des onze, décrète ce qui suit :

Des fonctions des agens municipaux et de leurs adjoints, dans les communes au-dessous de cinq mille habitans.

ARTICLE PREMIER.

LES agens municipaux des communes au-dessous de cinq mille habitans, outre les actes auxquels ils concourent dans la municipalité du canton, exerceront les fonctions de police dans leurs communes respectives.

Ils y constateront, par des procès-verbaux, les contraventions aux lois de police, et y feront exécuter les arrêtés pris par l'administration municipale.

II. En cas de maladie, d'absence ou de tout autre empêchement momentané de l'agent municipal, son adjoint le remplacera provisoirement, soit à la municipalité du canton, soit dans le lieu de sa résidence.

III. L'adjoint pourra même, sur l'invitation de l'agent municipal, concourir avec lui dans tous les actes de police qui intéresseront particulièrement leur commune.

Du président de l'administration municipale de canton.

IV. Le citoyen qui sera élu président d'une administration municipale de canton, en remplira les fonctions pendant deux ans.

Il se rendra, au moins deux fois par décade, au chef-lieu du canton, s'il n'y est pas résidant, et convoquera les assemblées extraordinaires toutes les fois qu'il y aura lieu.

V. En cas d'extrême urgence, et en l'absence du président, l'agent municipal nommé par la commune chef-lieu de canton pourra faire cette convocation.

Cet agent ouvrira les paquets adressés à l'administration, en l'absence du président.

Il surveillera les bureaux.

Des administrations municipales de canton.

VI. Les municipalités de canton tiendront des assemblées périodiques, qui seront fixées par l'administration de département.

Il ne pourra y en avoir moins de trois par mois.

VII. La présence sera d'obligation aux jours indiqués : l'administration pourra s'assembler extraordinairement, lorsqu'elle le jugera convenable.

Des municipalités des communes au-dessus de cinq mille habitans.

VIII. Les municipalités, autres que celles provenant de la réunion des agens de plusieurs communes, tiendront des séances au moins de cinq jours l'un, dans les communes dont la population excède vingt mille habitans, et de dix jours l'un dans les autres communes.

Ces jours seront déterminés par l'administration de département.

IX. Ces municipalités choisiront annuellement leur président dans leur sein.

En cas d'absence, maladie ou autre empêchement momentané de sa part, il sera provisoirement remplacé dans la présidence par l'officier municipal que l'administration nommera.

Du bureau central des approvisionnemens dans les communes divisées en plusieurs municipalités.

X. Les membres du bureau central établi par l'article 184 de l'acte constitutionnel, arrêteront seuls les mesures de leur attribution.

Néanmoins ils pourront appeler près d'eux un ou plusieurs membres de chaque municipalité, pour se concerter sur les besoins et sur les ressources.

XI. Quand les commissaires du bureau central auront arrêté des mesures d'un intérêt jugé indivisible quant à la partie ordonnative, et dont l'exécution pourra se diviser, ils pourront en faire la délégation totale ou partielle à chaque municipalité pour ce qui la concernera.

XII. Ces commissaires seront sous la surveillance et l'autorité immédiate du département.

Des administrations de département.

XIII. Le président de l'administration de département sera par elle annuellement nommé parmi ses membres.

En cas de maladie, d'absence ou autre empêchement momentané, le président sera suppléé, en cette qualité, par un de ses collègues au choix de l'administration.

Des commissaires du directoire exécutif près les administrations municipales et départementales.

XIV. Les commissaires du directoire exécutif près les administrations, tant municipales que départementales, résideront dans le lieu où l'administration tiendra ses séances.

XV. Le commissaire du directoire exécutif assistera à toutes les délibérations, et il n'en sera pris aucune qu'après qu'il aura été ouï.

En cas de maladie ou d'autre empêchement momentané, l'administration nommera un de ses membres pour le suppléer provisoirement.

Le commissaire du directoire exécutif, ou celui qui en remplira les fonctions, n'aura, en aucun cas, voix délibérative.

Règles communes à toutes les administrations.

XVI. Nulle délibération ne sera prise qu'à la pluralité des suffrages des membres présens, et ne sera valable que lorsque la moitié plus un des membres de l'administration y aura concouru.

XVII. Le choix des employés des diverses administrations leur appartient respectivement.

Elles nomment un secrétaire en chef,

qui a la garde des papiers et la signature des expéditions.

Ce secrétaire est tenu à résidence.

Des attributions respectives.

XVIII. Les administrations de département conserveront les attributions qui leur sont faites par les lois aujourd'hui en vigueur, quels que soient les objets qu'elles embrassent.

XIX. Les administrations municipales, soit de canton ou autres, connaîtront, dans leur ressort, 1.° des objets précédemment attribués aux municipalités ; 2.° de ceux qui appartiennent à l'administration générale, et que la loi déléguait aux districts.

XX. Ces objets seront classés et distingués dans chaque administration municipale.

Néanmoins, à l'égard des délibérations prises sur les uns ou les autres, nulle réclamation ne pourra être portée que devant l'administration supérieure du département.

XXI. Les administrations municipales connaîtront aussi, comme remplaçant les districts, des objets d'administration qui avaient été délégués aux ci-devant agens nationaux des districts, pour ce qui pourrait en rester à suivre, chacune dans leur ressort, et sans que le commissaire du directoire exécutif puisse s'y entremettre, sinon pour requérir et surveiller.

Des traitemens.

XXII. Les administrateurs de département recevront un traitement qui sera de quinze cents myriagrammes de froment, (environ trois cents quintaux), s'ils résident dans une commune au-dessus de cinquante mille habitans;

Et de mille myriagrammes dans toutes les autres.

XXIII. Le traitement du commissaire du directoire exécutif près les départemens, sera d'un tiers en sus de celui des administrateurs.

XXIV. Le traitement des commissaires au bureau central dont il est parlé aux articles X et suivans, sera de quinze cents myriagrammes de froment.

XXV. Le traitement du commissaire du directoire exécutif près les administrations municipales, sera, savoir,

De mille myriagrammes de froment dans les communes au-dessus de cinquante mille habitans;

De sept cent cinquante dans les communes de dix à cinquante mille habitans;

De cinq cents dans les communes de cinq à dix mille habitans;

Et de quatre cents dans toutes les autres.

XXVI. Jusqu'à ce que la situation du trésor national permette de salarier les autres fonctions administratives, elles seront considérées comme une dette civique, et resteront gratuitement exercées.

Dispositions générales.

XXVII. En cas de conflit d'attribution entre les autorités judiciaires et administratives, il sera sursis jusqu'à décision du ministre, confirmée par le directoire exécutif, qui en référera, s'il est besoin, au corps législatif.

Le directoire exécutif est tenu, en ce cas, de prononcer dans le mois.

XXVIII. Les corps administratifs pourront s'adresser directement au corps législatif pour l'obtention d'une loi.

En matière d'exécution, ils suivront l'ordre prescrit par la constitution.

Dispositions transitoires et circonstancielles.

XXIX. Les administrations actuelles de département présenteront, dans la quinzaine, les moyens de distribuer, suivant la constitution, les communes qui, bien qu'inférieures à cinq mille habitans, forment néanmoins un canton isolé.

Leurs arrêtés à cet égard seront provisoirement exécutés.

XXX. Les mêmes administrations dans le ressort desquelles il se trouve des communes excédant cent mille habitans, présenteront, dans le même délai de quinzaine, le plan de division de ces communes en municipalités d'arrondissement.

XXXI. Dans le délai de quinzaine, à

dater de la publication de la présente loi, les districts feront la division des papiers de leur administration :

Ceux qui concerneront l'administration générale, seront adressés au département ;

Et ceux qui se trouveront particulièrement relatifs à une commune ou à un canton, seront réservés pour être adressés ou remis à l'administration municipale qu'ils pourront concerner.

Les préposés au triage des titres, établis par la loi du 7 messidor, an II, sont chargés de concourir, pour ce qui les concerne, à l'exécution du présent article.

XXXII. Dans le mois suivant, les administrations supprimées tiendront leurs comptes prêts à être présentés aux nouvelles administrations de département.

XXXIII. Le sort décidera de la sortie partielle des administrateurs municipaux et de département qui seront nommés lors des prochaines élections.

Dans les renouvellemens ultérieurs, la sortie s'opérera par tour d'ancienneté.

LOI

Relative aux Élections.

Du 25 Fructidor.

LA convention nationale, après avoir entendu le rapport de sa commission des onze, décrète :

ARTICLE PREMIER.

DANS les assemblées primaires et électorales qui auront lieu jusqu'au jour où la convention nationale terminera sa session, on suivra les règles établies par les lois précédemment rendues.

II. A compter du jour où le corps législatif sera constitué en deux conseils, on se conformera, dans toute assemblée publique et pour toute élection, aux dispositions qui vont être établies par la présente loi.

TITRE PREMIER.

Tenue et police des assemblées.

ARTICLE PREMIER.

IL sera dressé, chaque année, avant la fin

du mois pluviôse, par chaque municipalité, un tableau des citoyens ayant droit de voter dans le canton, suivant la constitution.

II. Lorsque le nombre des citoyens ayant droit de voter dans un canton, ne s'élèvera pas à plus de neuf cents, il n'y aura qu'une assemblée primaire par canton; mais au-dessus de ce nombre, il s'en formera au moins deux.

III. Chaque assemblée primaire doit tendre à se former de six cents membres; s'il y a plusieurs assemblées dans un canton, la moins nombreuse doit être de quatre cent cinquante citoyens.

IV. Lorsqu'il y aura plusieurs assemblées primaires dans un canton, l'administration départementale fixera l'arrondissement et le lieu de ces assemblées.

V. Les peines les plus graves qu'une assemblée primaire, communale ou électorale, puisse infliger à l'un de ses membres, sont, après le rappel à l'ordre et la censure préalablement prononcés, l'exclusion de la séance, ou même de l'assemblée, durant tout le temps de sa session.

VI. En cas de voies de fait, d'excès graves, ou de délits commis dans l'intérieur des séances d'une assèmblée primaire, communale ou électorale, le président pourra, après y avoir été autorisé par l'assemblée, faire saisir le prévenu, et l'envoyer sur-le-champ devant l'officier de police du lieu.

VII. Les présidens, secrétaires et scrutateurs, sont personnellement responsables de tout ce qui se ferait, dans les assemblées primaires, communales ou électorales, d'étranger à l'objet de leur convocation, ou de contraire à la constitution et à la loi.

VIII. Lorsque le corps législatif aura déclaré illégal un acte d'une assemblée primaire, communale ou électorale, il prononcera sur la question de savoir si les président, secrétaire et scrutateurs de cette assemblée, devront être poursuivis criminellement.

IX. Le président doit déclarer que l'assemblée est dissoute, aussitôt qu'elle a terminé les opérations pour lesquelles elle était convoquée.

X. Dans toute élection, chaque votant est appelé nominativement par le secrétaire ou par l'un des scrutateurs, et il dépose ostensiblement un bulletin fermé et non signé.

XI. Les suffrages qui ne sont point donnés conformément à la loi, sont supprimés dans les recensemens.

XII. Dans toute élection, lorsqu'il y a égalité de suffrages, le plus ancien d'âge est préféré; dans le cas d'égalité d'âge, le sort décidera.

TITRE II.

Élection des présidens, secrétaires et scrutateurs.

ARTICLE PREMIER.

TOUTE assemblée publique se forme sous la présidence provisoire du plus ancien d'âge; les plus âgés après lui, remplissent provisoirement les fonctions de scrutateurs, et le plus jeune, celles de secrétaire.

II. Les fonctions de président, secrétaire et scrutateurs, soit provisoires, soit définitifs, ne peuvent être exercées que par des citoyens sachant lire et écrire.

III. Dès que les officiers provisoires ont pris leur place, on procède immédiatement à l'élection d'un président, d'un secrétaire et de trois scrutateurs définitifs.

IV. Cette élection se fait par un seul scrutin de liste, et à la pluralité relative.

Chaque votant écrit son bulletin, ou y fait écrire par l'un des scrutateurs autant de noms qu'il y a d'officiers à nommer.

Celui des citoyens présens qui obtient le plus de suffrages est président; le suivant est secrétaire, et les trois autres, scrutateurs.

V. Le bureau de l'assemblée, une fois formé, ne peut plus être renouvelé durant la même session d'une assemblée primaire, communale ou électorale.

VI. En cas d'absence, démission ou destitution, le président est suppléé par le secrétaire; celui-ci, par le premier scrutateur; et les scrutateurs, par les membres de l'assemblée qui ont obtenu le plus de voix après eux.

VII. Toute assemblée primaire, communale ou électorale, composée de plus de deux cents membres présens, doit, après la nomination du bureau général, se diviser en plusieurs bureaux particuliers.

VIII. La répartition des membres de l'assemblée en bureaux particuliers se fait par le sort; de telle sorte qu'il y ait pour chacun de ces bureaux cent votans au moins, deux cents au plus.

IX. Le bureau général fait l'office de bureau particulier pour l'une des sections de l'assemblée.

X. Les votans attachés à chacun des autres bureaux particuliers se nomment, entre eux, un président, un secrétaire et trois scrutateurs, dans les mêmes formes que celles prescrites ci-dessus pour la nomination des officiers du bureau général.

XI. Les suffrages pour l'élèction des fonctionnaires publics seront reçus par les officiers des bureaux particuliers.

Les recensemens partiels faits en chacun de ces bureaux, sont portés au bureau général, où se fait le recensement universel.

XII. Lorsqu'il y a dans un canton plusieurs assemblées primaires concourant à l'élection des mêmes fonctionnaires publics, le bureau général de chacune de ces assemblées envoie deux de ses membres pour porter le recensement qu'il a fait, à l'administration municipale, où se fait le recensement définitif, auquel ils assistent.

TITRE III.

Élections des fonctionnaires publics par les assemblées primaires, communales et électorales.

ARTICLE PREMIER.

DURANT le mois de nivôse, chaque citoyen a le droit de se faire inscrire lui-même, ou de faire inscrire ceux de ses concitoyens qu'il juge à propos, sur la liste des candidats; et de s'y désigner lui-même, ou de désigner les autres, pour une ou plusieurs des fonctions qui sont à remplir, dans le mois de germinal suivant.

II. Ces inscriptions se font à l'administration municipale, qui n'en peut refuser aucune, et qui en donne des récépissés.

III. L'administration municipale est tenue de publier dans son ressort, dans les cinq premiers jours de pluviôse, la liste des candidats inscrits pour toutes les fonctions dont la nomination appartient aux assemblées primaires et communales.

Elle doit placer sur cette liste, mais séparément, les candidats qu'elle croit manquer des caractères d'éligibilité exigés par la constitution. L'avis de l'administration sur cette non-éligibilité, doit être motivé dans des notes sommaires.

IV. L'administration municipale fait parvenir à l'administration de département les listes des candidats inscrits pour les fonctions dont l'élection appartient aux assemblées électorales.

V. L'administration de département est tenue de publier dans son ressort, du 20 au 25 pluviôse, les listes des candidats inscrits pour les fonctions auxquelles les assemblées électorales doivent nommer.

Les candidats que l'administration départementale croit manquer des caractères d'éligibilité exigés par la constitution, sont inscrits sur les listes, mais séparément et avec des notes sommaires et explicatives.

VI. Les listes de candidats sont affichées et lues dans les assemblées primaires, communales ou électorales, aussitôt après la formation des bureaux.

Les suffrages peuvent être donnés à des citoyens non inscrits sur ces listes.

VII. On procède à un premier scrutin : il est individuel, s'il s'agit de l'élection d'un seul fonctionnaire ; il est de liste, s'il s'agit de l'élection de plusieurs fonctionnaires du même genre et du même nom.

VIII. Si ce premier scrutin donne la majorité absolue à un ou à plusieurs candidats, ils sont élus selon l'ordre du nombre des suffrages qu'ils ont réunis.

IX. Si un nombre suffisant de candidats n'a point obtenu la majorité absolue, on forme une liste de ceux qui ont obtenu la plus forte pluralité relative : cette liste a pour limite un nombre de noms égal à dix fois le nombre des fonctionnaires à élire dans le même scrutin.

X. On procède ensuite à un second scrutin, dans lequel on ne peut donner de suffrages qu'aux candidats inscrits sur la liste mentionnée dans l'article précédent.

XI. Pour le scrutin définitif, chaque votant dépose à-la-fois, en deux vases différens, deux billets, l'un de nomination, l'autre de réduction.

Sur le premier bulletin, il inscrit autant de noms qu'il y a de fonctionnaires à élire.

Sur le second bulletin, il inscrit les noms des citoyens qu'il entend retrancher de la liste des concurrens : ce bulletin peut ne contenir aucun nom ; il peut en contenir un nombre indéterminé, mais toujours au-dessous de la moitié du nombre de ceux portés sur la liste mentionnée en l'article IX du présent titre.

XII. On fait d'abord le recensement universel des billets de réduction ; et les candidats qui ont été inscrits sur ces billets par la majorité absolue des votans, ne peuvent être élus, quel que soit le nombre des suffrages positifs déposés en leur faveur dans le vase de nomination.

XIII. On dépouille ensuite les bulletins de nomination, et les élus sont ceux qui, n'étant point dans le cas de l'article précédent, réunissent la pluralité relative des suffrages positifs.

TITRE IV.

Élections par le corps législatif, par le directoire exécutif, par les corps administratifs et judiciaires.

ARTICLE PREMIER.

LES présentations attribuées par la constitution au conseil des cinq-cents, se font au scrutin de liste et à la pluralité relative.

II. Les nominations attribuées par la constitution au conseil des anciens, se font dans les formes prescrites par les articles XI, XII et XIII du titre précédent.

III. Les élections que la constitution attribue au directoire exécutif, aux corps administratifs et judiciaires, se font dans les formes prescrites par les articles VII, VIII, IX, X, XI, XII et XIII du titre précédent ; mais si, après le dépouillement ordonné par l'article XIII, un nombre suffisant de candidats n'a pas réuni la majorité absolue des suffrages positifs, on procède, par scrutin individuel, à l'option entre les deux candidats qui ont obtenu le plus de voix.

LOI

Relative aux Poids et Mesures.

Du premier Vendémiaire.

La convention nationale, après avoir entendu le rapport de son comité d'instruction publique sur les travaux de l'agence temporaire, et sur les moyens préparés pour établir l'uniformité des poids et mesures, décrète ce qui suit :

ARTICLE PREMIER.

Au premier nivôse prochain, l'usage du mètre sera substitué à celui de l'aune dans la commune de Paris, et dix jours après dans tout le département de la Seine.

II. En conséquence, tous les marchands

en

en gros et en détail, sédentaires et ambulans, qui se servent de l'aune, seront tenus de se procurer des mètres, comme il est dit ci-après.

III. L'agence temporaire des poids et mesures adressera, sous le plus bref délai, d'abord aux administrations municipales de Paris, et ensuite à celles des autres communes du département de la Seine, le nombre de mètres ou demi-mètres, convenablement divisés, que l'administration du département aura indiqué être nécessaire respectivement pour les arrondissemens desdites municipalités.

Ces administrations en donneront leur reçu à l'agence temporaire des poids et mesures, et nommeront un préposé à la garde et à la délivrance desdites mesures.

IV. Avant la fin de frimaire prochain, les marchands se servant de l'aune remettront à l'administration municipale tout ce qu'ils ont entre leurs mains de ces anciennes mesures; et, sur l'exhibition de leur patente, il leur sera donné en échange un mètre pour chaque aune, et un demi-mètre pour chaque demi-aune. Néanmoins, il ne sera d'abord délivré à chacun desdits marchands qu'une seule mesure de chaque espèce, et il leur sera donné une reconnaissance pour l'excédant qui leur sera fourni ultérieurement.

V. Il sera en même temps remis à chacun desdits marchands une affiche explicative, contenant le rapport de l'ancienne aune aux mètre et parties de mètre, rendu sensible par des échelles graduées, au moyen desquelles chacun pourra facilement faire les évaluations de quantités ou de prix qui l'intéressent.

VI. Le renouvellement des anciens poids et mesures de toute espèce, sera progressivement exécuté dans toute la France, en conformité de l'article IX de la loi du 18 germinal dernier, et des dispositions du présent décret.

A cet effet, dès que la fabrication des nouvelles mesures et les autres moyens préparatoires permettront d'opérer le remplacement dans une partie déterminée de la République, il en sera rendu compte au directoire exécutif, qui fera une proclamation pour annoncer les moyens de ce remplacement, et rappeler ce qui est prescrit par les lois à ce sujet.

VII. Deux mois après la publication et l'affiche de cette proclamation, l'usage des mesures républicaines qui en seront l'objet, deviendra obligatoire pour tous les marchands dans l'étendue du territoire désigné.

VIII. Les dispositions de l'article IV de la présente loi, seront appliquées aux diverses parties de la République, lorsqu'il s'agira d'y introduire les nouvelles mesures de longueur.

IX. A compter de l'époque à laquelle chaque espèce de mesure républicaine sera devenue obligatoire, il est enjoint à tous notaires et officiers publics des lieux où cette obligation sera en activité, d'exprimer en mesures républicaines toutes les quantités de mesures qui seront à énoncer dans les actes que lesdits notaires ou officiers publics passeront ou recevront.

Les actes qui seraient en contravention avec le présent article, seront sujets à un excédant de droit d'enregistrement de la valeur de cinquante francs : cette somme sera payée comme une amende par le notaire ou l'officier public qui aura passé l'acte, sans que, sous aucun prétexte, elle puisse être imputée aux parties pour qui l'acte aura été passé.

X. Semblablement, aucun papier de commerce, livre et registre de négociant, marchand ou manufacturier, aucune facture, compte, quittance, même lettre missive, faits ou écrits dans les lieux où l'usage des mesures républicaines sera en activité, ne pourront êtrè produits et faire foi en justice, qu'autant que les quantités de mesures exprimées dans lesdits livres, papiers, lettres, &c., le seraient en mesures républicaines; ou du moins la traduction en sera faite préalablement, et constatée aux frais des parties par un officier public.

XI. Les municipalités et les administrations chargées de la police, feront dans leurs arrondissemens respectifs, et plusieurs fois dans l'année, des visites dans les boutiques et magasins, dans les places publiques, foires et marchés, à l'effet de s'assurer de l'exactitude des poids et mesures.

Les contrevenans seront punis de la confiscation des mesures fausses ; et s'ils sont prévenus de mauvaise foi, ils seront traduits devant le tribunal de police correctionnelle, qui prononcera une amende, dont la valeur pourra s'élever jusqu'à celle de la patente du délinquant.

XII. L'agence temporaire des poids et mesures enverra à chaque administration de département des modèles de mètres, ainsi que des modèles de mesures de capacité et de poids, autant qu'il sera nécessaire pour diriger la fabrication ou la vérification des diverses sortes de mesures républicaines.

XIII. Il y aura, dans les principales communes de la République, des vérificateurs chargés d'apposer sur les nouvelles mesures le poinçon de la République et leur marque particulière. Le pouvoir exécutif déterminera, d'après les localités et les besoins du service, le nombre des vérificateurs, leurs fonctions et leur salaire : ces vérificateurs seront nommés par les administrations de département, trois mois après que l'usage des nouvelles mesures aura été rendu obligatoire dans leur arrondissement.

Jusqu'à cette époque, la vérification sera faite gratuitement par des artistes commis à cet effet par l'agence temporaire.

XIV. Au moyen des dispositions des deux articles qui précèdent, et attendu la suppression des districts, les articles III et XVII de la loi du 18 germinal dernier demeurent sans effet.

XV. Pendant les six premiers mois après l'obligation proclamée des mesures républicaines dans un lieu, les marchands qui se servent de ces mesures, seront tenus d'exposer à la vue des acheteurs les échelles graduées, pour la comparaison des quantités et des prix, ainsi que l'explication, qui seront publiées à cet effet, afin que chacun puisse y recourir au besoin.

XVI. Aussitôt que l'usage du mètre sera devenu obligatoire pour les marchands dans une commune, les ouvriers, artistes ou agens, sous quelque dénomination que ce soit, qui s'y trouvent, et qui emploient le pied, la toise, les mesures de superficie et d'arpentage, ou autres anciennes mesures analogues, ne pourront produire en justice aucun titre dans lequel seraient rapportées des quantités de ces mesures, à moins qu'elles ne soient traduites concurremment en expressions de mesures républicaines.

XVII. Le gouvernement, les ministres, chacun en leur partie, les administrations de département, et généralement tous les fonctionnaires publics, donneront des ordres et prendront tous les moyens qui dépendent d'eux, pour que, le plutôt possible, les employés, ouvriers, ou agens qui travaillent sous leur autorité, n'emploient d'autres mesures que les mesures républicaines, tant pour les ouvrages à faire, que pour les comptes à rendre.

XVIII. A compter du premier brumaire prochain, les quantités de mesures, dans les décrets et procès-verbaux du corps législatif, seront exprimées concurremment en mesures anciennes et en mesures républicaines, jusqu'à ce que celles-ci puissent être exclusivement employées sans inconvénient.

Le comité des décrets est chargé de faire ajouter la traduction en nouvelles mesures sur les minutes et expéditions où elles auraient été oubliées.

XIX. Le pouvoir exécutif donnera des ordres pour que le même usage soit suivi dans les autres actes de l'autorité publique, aussitôt que le permettra la propagation des nouvelles mesures.

XX. La disposition de l'article III de la loi du 17 frimaire, an second, concernant l'obligation d'exprimer par émargement, dans les comptes des dépenses publiques, les sommes en francs, décimes et centimes, est prorogée pendant les six premiers mois de l'an quatrième : passé ce terme, la loi du 17 frimaire sera suivie en son entier.

La trésorerie nationale et le bureau de comptabilité ne recevront plus à l'avenir de pièces qui seraient en contravention avec ladite loi et les subséquentes.

XXI. L'agence temporaire continuera ses fonctions, sous l'autorité du ministre qui aura la partie des travaux publics. Ce ministre tiendra la main à l'exécution des lois sur les nouveaux poids et mesures, et prendra tous les moyens les plus propres à accélérer leur établissement : il fera en sorte qu'il soit entièrement terminé avant le premier vendémiaire de l'an sixième. Il prendra sur les fonds affectés annuellement aux travaux publics, les sommes nécessaires pour acquitter les dépenses indispensables auxquelles cette opération donnera lieu.

XXII. En attendant l'organisation du ministère, il est affecté, par le présent décret, une somme de cinq cent mille francs pour continuer les opérations relatives au renouvellement des poids et mesures. La trésorerie nationale tiendra, à cet effet, cette somme à la disposition de la commission d'instruction publique.

XXIII. Le directoire exécutif présentera chaque année au corps législatif, le compte des progrès du renouvellement des poids et mesures, et de tout ce qui aura été fait pour parvenir à l'uniformité prescrite par la constitution.

LOI

Qui détermine le mode d'Élection des juges au Tribunal de cassation.

Du 5 Vendémiaire.

LA convention nationale décrète :

ARTICLE PREMIER.

LE nombre des juges au tribunal de cassation sera porté à cinquante.

II. Lors des prochaines assemblées électorales, il sera nommé vingt juges pour le tribunal de cassation, et autant de suppléans, dans vingt des départemens qui n'ont point eu part aux élections faites pour ce tribunal en 1791.

III. Ces vingt départemens sont ceux qui se trouvent les premiers dans l'ordre alphabétique, ainsi qu'il suit :

1. Les Alpes-Maritimes.
2. L'Ardèche.
3. L'Arriége.
4. La Charente.
5. La Charente-Inférieure.

6. Le Cher.
7. La Corrèze.
8. Les Côtes-du-Nord.
9. La Haute-Garonne.
10. Le Gers.
11. Le Golo.
12. L'Hérault.
13. Ille-et-Vilaine.
14. L'Indre.
15. Indre-et-Loire.
16. Le Jura.
17. Les Landes.
18. La Liamone.
19. Loir-et-Cher.
20. La Loire.

IV. Des quarante juges qui se trouvent composer seuls actuellement le tribunal de cassation, dix sortiront pour le prochain renouvellement.

V. Ces dix seront ceux qui n'ont point été nommés par le choix du peuple, et subsidiairement d'anciens membres, qui seront désignés pour cet effet par la voie du sort ou par démissions volontaires.

VI. Les dix membres qui devront sortir

pour le renouvellement de l'an V et des années suivantes, jusqu'à l'an VIII, seront désignés par la voie du sort ou par démissions volontaires, parmi les plus anciens, et remplacés par dix juges nouveaux, nommés dans dix des départemens qui n'ont point eu part aux élections de 1791.

VII. L'an VIII, le sort ou les démissions volontaires désigneront les dix membres qui devront sortir du nombre des vingt qui auront été élus l'an IV.

VIII. Dans les années suivantes, les dix juges plus anciens sortiront pour être remplacés par dix juges nouveaux.

IX. Les départemens qui n'ont point eu part aux élections de 1791 pour le tribunal de cassation, nommeront à leur tour suivant l'ordre alphabétique.

X. Lorsque par la suite des élections, tous les départemens auront eu part aux élections des juges au tribunal de cassation, l'ordre d'élection recommencera par ceux des départemens qui ont élu en 1791, en suivant l'ordre alphabétique, et continuera par les départemens qui auront élu l'an IV, et successivement.

XI.

XI. Chaque année les départemens en tour de nommer des membres au tribunal de cassation seront désignés, conformément aux dispositions précédentes, par un décret du corps législatif.

XII. Le présent décret sera imprimé pour être envoyé aux assemblées électorales.

LOI

Sur la réunion de la Belgique et du pays de Liége à la République française.

Du 9 Vendémiaire.

LA convention nationale, après avoir entendu le rapport de son comité de salut public, décrète ce qui suit :

ARTICLE PREMIER.

LES décrets de la convention nationale des 2 et 4 mars et 8 mai 1793, qui ont réuni les pays de Liége, de Stavelot, de Logne et de Malmedy au territoire français, seront exécutés selon leur forme et teneur.

II. Seront pareillement exécutés les décrets de la convention nationale des 1.er,

2, 6, 8, 9, 11, 19 et 23 mars 1793, qui ont réuni au territoire français le Hainaut, le Tournaisis, le pays de Namur, et la majorité des communes de la Flandre et du Brabant.

III. La convention nationale accepte le vœu émis en 1793 par les communes d'Ypres, Grammont et autres communes de la Flandre, du Brabant et de la partie ci-devant autrichienne de la Gueldre, non comprises auxdits décrets, pour leur réunion au territoire français.

IV. Sont pareillement réunis au territoire français tous les autres pays en-deçà du Rhin qui étaient, avant la guerre actuelle, sous la domination de l'Autriche, et ceux qui ont été conservés à la République française par le traité conclu à la Haye, le 27 floréal dernier, entre ses plénipotentiaires et ceux de la République des Provinces-Unies, auquel il n'est dérogé en rien par aucune des dispositions du présent décret.

V. Les habitans des pays de Liége, de Stavelot, de Logne et de Malmedy, et ceux des communes de la Belgique comprises dans les articles II et III du présent décret, jouiront dès-à-présent de tous les droits de citoyen français, si d'ailleurs ils ont les qualités requises par la constitution.

VI. A l'égard des communes comprises dans l'article IV ci-dessus, les habitans jouiront, jusqu'à ce qu'il en ait été autrement disposé, de tous les droits garantis par la constitution aux étrangers qui résident en France, ou y possèdent des propriétés.

VII. Les pays mentionnés dans les quatre premiers articles du présent décret, seront divisés en neuf départemens, savoir : celui de la *Dyle*, (Bruxelles, chef-lieu) ; celui de l'*Escaut* (Gand, chef-lieu) ; celui de la *Lys* (Bruges, chef-lieu) ; celui de *Gemmape* (Mons, chef-lieu) ; celui des *Forêts* (Luxembourg, chef-lieu) ; celui de *Sambre-et-Meuse* (Namur, chef-lieu) ; celui de l'*Ourthe* (Liége, chef-lieu) ; celui de la *Meuse-Inférieure* (Maëstricht, chef-lieu) ; celui des *Deux-Nèthes* (Anvers, chef-lieu).

VIII. Les représentans du peuple envoyés dans la Belgique, sont chargés de déterminer les arrondissemens respectifs de ces départemens, et de les diviser en cantons, à l'instar des autres parties du territoire français.

IX. Ils nommeront provisoirement les fonctionnaires qui devront composer les administrations de département, celles de canton, et les tribunaux des pays de Limbourg, de Luxembourg, de Maëstricht, de Venloo, et leurs dépendances, et de la Flandre ci-devant hollandaise.

X. Le corps législatif déterminera le nombre de représentans du peuple que chacun des départemens formés en exécution de l'article VII ci-dessus, devra nommer à l'époque du renouvellement qui aura lieu l'an V de la République.

XI. Les représentans du peuple envoyés dans la Belgique, veilleront à la très-prompte rentrée des contributions extraordinaires, imposées à ces pays, et formant leur contingent des frais de la guerre de la liberté.

XII. Les bureaux de douanes actuellement existans, soit entre la France et les pays mentionnés dans les quatre premiers articles du présent décret, soit entre les différentes parties de ces mêmes pays, sont supprimés ;

Ceux qui sont établis entre ces mêmes pays, les Provinces-Unies et les pays non réunis entre Meuse et Rhin, demeurent maintenus.

LOI

Sur l'organisation du Ministère.

Du 10 Vendémiaire.

LA convention nationale décrète :

ARTICLE PREMIER.

IL y a six ministres ; savoir : un ministre de la justice, un ministre de l'intérieur, un ministre des finances, un ministre de la guerre, un ministre de la marine, et un ministre des relations extérieures.

II. Les ministres ont, sous les ordres du directoire exécutif, les attributions déterminées ci-après.

Attributions du ministre de la justice :

III. L'impression et l'envoi des lois et

des arrêtés, proclamations et instructions du directoire exécutif aux autorités administratives et judiciaires ;

Il correspond habituellement avec les tribunaux et avec les commissaires du directoire près les tribunaux ;

Il donne aux juges tous les avertissemens nécessaires, et veille à ce que la justice soit bien administrée, sans pouvoir connaître du fond des affaires ;

Il soumet les questions qui lui sont proposées relativement à l'ordre judiciaire, et qui exigent une interprétation de la loi, au directoire exécutif, qui les transmet au conseil des cinq-cents.

Attributions du ministre de l'intérieur :

IV. La correspondance avec les autorités administratives et avec les commissaires du directoire exécutif auprès desdites autorités ;

Le maintien du régime constitutionnel et des lois touchant les assemblées communales, primaires et électorales ;

L'exécution des lois relatives à la police

générale, à la sûreté et à la tranquillité intérieure de la République ;

La garde nationale sédentaire ;

Le service de la gendarmerie ;

Les prisons, maisons d'arrêt, de justice et de reclusion ;

Les hôpitaux civils, les établissemens et ateliers de charité, la répression de la mendicité et du vagabondage, les secours civils, les établissemens destinés aux sourds-muets et aux aveugles ;

La confection et l'entretien des routes, ponts, canaux et autres travaux publics ;

Les mines, minières et carrières ;

La navigation intérieure, le flottage, le halage ;

L'agriculture, les desséchemens et défrichemens ;

Le commerce ;

L'industrie, les arts et inventions, les fabriques, les manufactures, les aciéreries ;

Les primes et encouragemens sur ces divers objets ;

La surveillance, la conservation et la distribution du produit des contributions en nature ;

L'instruction publique, les musées et

autres collections nationales, les écoles, les fêtes nationales ;

Les poids et mesures ;

La formation des tableaux de population et d'économie politique, des produits territoriaux, des produits des pêches sur les côtes, des grandes pêches maritimes, et de la balance du commerce.

Attributions du ministre des finances :

V. L'exécution des lois sur l'assiette, la répartition et le recouvrement des contributions directes, sur la perception des contributions indirectes, et sur la nomination des receveurs,

Sur la fabrication des monnaies, le départ du métal de cloches, sur les assignats ;

L'administration des domaines nationaux et des forêts nationales ;

Les postes aux lettres, les postes aux chevaux, les messageries, les douanes, les poudres et salpêtres, et tous les établissemens, baux, régies ou entreprises qui rendent une somme quelconque au trésor public.

Attributions du ministre de la guerre :

VI. La levée, la surveillance, la discipline et le mouvement des armées de terre ;

L'artillerie, le génie, les fortifications, les places de guerre ;

La gendarmerie nationale, pour l'avancement, la comptabilité, la tenue et la police militaire ;

Le travail sur les grades, avancemens, récompenses et secours militaires ;

Les fournitures, vivres et autres approvisionnemens pour les armées de terre ;

Les hôpitaux militaires, les invalides.

Attributions du ministre de la marine et des colonies :

VII. La levée, la surveillance, la discipline et le mouvement des armées navales ;

Les inscriptions maritimes, le travail sur les grades, les avancemens, les récompenses et les secours ;

L'administration des ports, les arsenaux, les approvisionnemens, les magasins destinés au service de la marine ;

Les travaux des ports de commerce ;

La construction, la réparation, l'entretien et l'armement des vaisseaux, navires et bâtimens de mer ;

Les hôpitaux de la marine ;

Les grandes pêches maritimes, la police à l'égard des navires et des équipages qui y seront employés ;

La correspondance avec les consuls pour tout ce qui est relatif à l'administration de la marine ;

L'exécution des lois sur le régime et l'administration de toutes les colonies dans les îles et sur le continent d'Amérique, à la côte d'Afrique, et au-delà du cap de Bonne-Espérance ;

Les approvisionnemens, les contributions, la concession des terrains ;

La force publique intérieure des colonies et établissemens français ;

Les progrès de l'agriculture et du commerce ;

La surveillance et la direction des établissemens et comptoirs français en Asie et en Afrique.

Attributions du ministre des relations extérieures :

VIII. La correspondance avec les ambassadeurs, les ministres, résidens ou agens que le directoire envoie ou entretient auprès des puissances étrangères ;

Le maintien et l'exécution des traités ;

Les consulats.

IX. Les commissaires du pouvoir exécutif près les tribunaux et près les administrations, correspondent avec les ministres.

X. Les ministres sont responsables,

1.° De tous délits par eux commis contre la sûreté générale et la constitution ;

2.° De tout attentat à la liberté et à la propriété individuelle ;

3.° De tout emploi de fonds publics sans un décret du corps législatif et une décision du directoire exécutif, et de toutes dissipations de deniers publics qu'ils auraient faites ou favorisées.

XI. Les délits des ministres, les réparations et les peines qui pourront être prononcées contre les ministres coupables, sont déterminés dans le code pénal.

XII. Aucun ministre en fonctions ou hors de fonctions ne peut, pour faits de son administration, être traduit en justice, en matière criminelle, que sur la dénonciation du directoire exécutif.

XIII. Tout ministre contre lequel il est intervenu un acte d'accusation sur une dénonciation du directoire exécutif, peut être poursuivi en dommages et intérêts par les citoyens qui ont éprouvé une lésion résultant des faits qui ont donné lieu à l'acte d'accusation.

XIV. Les poursuites sont faites devant le tribunal criminel du département où siégeait le pouvoir exécutif lors du délit.

XV. L'action en matière criminelle, ainsi que l'action accessoire en dommages-intérêts pour faits d'administration d'un ministre hors de fonctions, est prescrite après trois ans à l'égard du ministre de la marine et des colonies, et après deux ans à l'égard des autres; le tout à compter du jour où l'on suppose que le délit a été commis.

XVI. Le traitement des ministres, par année, pour chacun d'eux, est fixé à la moitié de celui des membres du directoire exécutif; et celui du ministre des relations extérieures, aux trois quarts.

XVII. Les ministres sont logés et meublés aux frais de la République.

LOI

Qui détermine un mode pour l'envoi et la publication des Lois.

Du 12 Vendémiaire.

LA convention nationale décrète :

ARTICLE PREMIER.

AUSSITÔT qu'une loi ou un acte du corps législatif sera revêtu des formes de publication prescrites par la constitution, le ministre de la justice, par ordre du directoire exécutif, le fera imprimer et publier, sans retard, dans un bulletin officiel, à moins que l'envoi manuscrit n'en soit ordonné par le corps législatif; et, dans ce dernier cas, le bulletin contiendra l'intitulé de la loi.

Ce bulletin sera intitulé *Bulletin des lois*, et contiendra les lois et les actes du corps législatif, ainsi que les proclamations et les arrêtés du directoire exécutif pour assurer l'exécution des lois: aucun autre écrit n'y sera inséré.

II. Toute résolution du conseil des cinq-cents, et même tout projet de résolution dont ce conseil aura ordonné l'impression et l'ajournement, seront insérés dans un feuilleton qui accompagnera le bulletin des lois.

Le feuilleton sera intitulé *Feuilleton des résolutions et des projets de résolutions.* On y lira en tête de chaque première page cet avertissement : *Les dispositions suivantes ne sont pas des lois, elles n'obligent pas les citoyens.*

Les rapports et les opinions dont l'impression et l'envoi seraient ordonnés par une loi, seront insérés au feuilleton.

III. Chaque numéro, tant du bulletin que du feuilleton, sera empreint de signes extérieurs d'authenticité, fixés par délibération du directoire exécutif.

IV. Immédiatement après l'impression, le bulletin et le feuilleton seront adressés par le ministre de la justice, aux présidens des administrations départementales et municipales, au président du bureau central dans les municipalités au-dessus de cent mille ames, au président du tribunal de cassation, aux présidens des tribunaux civils, correctionnels et de commerce, aux présidens et accusateurs publics des tribunaux criminels, aux juges de paix, aux ambassadeurs, aux envoyés et aux consuls de la République.

V. Le ministre de la justice les fera passer en même temps aux autres ministres, aux commissaires près les tribunaux, à leurs substituts, aux commissaires près les administrations départementales et municipales.

VI. Il les fera parvenir également, sans délai, aux commissaires ordonnateurs et ordinaires des guerres, aux chefs d'état-major et d'administration maritime : il les adressera aussi à chacun des membres du corps législatif.

VII. De trois mois en trois mois, un cahier des lois rendues pendant le dernier trimestre, ainsi qu'un exemplaire de chacun des recueils de lois par ordre de matières, lorsqu'il en sera formé, sera envoyé à chaque tribunal, dans la personne du greffier ; à chaque corps administratif, dans celle du secrétaire ; à chaque secrétariat d'ambassadeur de la République, dans la personne du secrétaire d'ambassade ; à chaque consulat, dans la personne du chancelier ; à chaque bibliothèque nationale, dans la personne du principal bibliothécaire. Lesdits exemplaires y resteront déposés à perpétuité, pour l'utilité publique.

Ces cahiers et recueils seront empreints des mêmes caractères d'authenticité que le bulletin des lois.

VIII. Tout citoyen auquel le bulletin et le feuilleton ne devront pas être envoyés gratuitement, pourra s'en procurer des exemplaires par voie d'abonnement et de souscription.

IX. L'abonnement sera fixé par le ministre de la justice, sous la surveillance du directoire exécutif, à un prix modéré; de manière qu'il couvre seulement les frais de papier, d'impression, de distribution et de transport.

X. Dans le principal bureau de la poste aux lettres de chaque commune de cinq mille habitans et au dessus, un des commis sera chargé de recevoir les abonnemens, et de fournir à un prix également modéré, les numéros séparés du bulletin officiel, et les cahiers séparés de chaque trimestre. Le directoire fera donner les ordres nécessaires, à cet effet, aux administrateurs des postes.

XI. En conséquence de la présente loi, il ne sera plus fait de publication de lois par lecture publique, par réimpression ni affiche, ni à son de trompe ou de tambour, en aucun département, aux frais de la République, si ce n'est lorsque ces formalités seront expressément ordonnées par un article de la loi.

Pourront néanmoins le directoire exécutif et chaque administration départementale ou municipale, ou de bureau central dans les municipalités au-dessus de cent mille habitans, par délibération spéciale, ordonner, soit pour des lois anciennes ou récentes, soit même pour des réglemens, telles de ces formalités particulières qu'ils jugeront convenables.

XII. Néanmoins, les lois et actes du corps législatif obligeront, dans l'étendue de chaque département, du jour auquel le bulletin officiel où ils seront contenus, sera distribué au chef-lieu du département.

Ce jour sera constaté par un registre où les administrateurs de chaque département certifieront l'arrivée de chaque numéro.

LOI

Sur la division du Territoire de la République, le placement et l'organisation des Autorités administratives et judiciaires.

Du 19 Vendémiaire.

LA convention nationale décrète :

TITRE PREMIER.

Division du territoire de France, par rapport à l'exercice des droits politiques, à l'administration, à la police et à la justice; et placement des autorités.

ARTICLE PREMIER.

LES administrations départementales distribueront en assemblées primaires, conformément à l'article 19 de la constitution, et aux articles II, III et IV, titre I.er de la loi du 25 fructidor dernier, les citoyens ayant droit de voter.

Cette répartition se fera d'après les bases de la population habituelle et moyenne depuis les trois dernières années, et sera renouvelée tous les trois ans avant le premier ventôse.

Les administrations départementales achèveront la première répartition avant le premier nivôse prochain.

Elles donneront un nom à chaque assemblée primaire, qui ne pourra le changer, et lui désigneront un local pour tenir ses séances.

Une expédition de chaque procès-verbal de division sera envoyée aux archives nationales.

II. Le territoire de la ci-devant commune de Paris, circonscrit dans les limites désignées par les lois des 27 juin et 17 octobre 1790, formera un canton.

III. Conformément à l'article 183 de la constitution, il y aura dans le canton de Paris douze municipalités.

Les cantons de Bordeaux, de Lyon et de Marseille, auront chacun trois municipalités.

Chacun des cantons de Bordeaux, Lyon, Marseille et Paris, aura un bureau central.

IV. Les douze municipalités du canton de Paris seront distinguées par ordre numérique, et formées ainsi qu'il suit ; elles comprendront les ci-devant sections ci-après désignées, savoir :

La première, celles des Tuileries, des Champs-Élysées, de la Place-Vendôme et du Roule ;

La seconde, celles de Lepelletier, du Mont-Blanc, de la Butte-des-Moulins et du Faubourg-Montmartre ;

La troisième, celles du Contrat-Social, de Brutus, du Mail et Poissonnière ;

La quatrième, celles des Gardes-Françaises, des Marchés, du Muséum et de la Halle-au-Blé ;

La cinquième, celles de Bonne-Nouvelle, de Bon-Conseil, du Faubourg-du-Nord et de Bondi ;

La sixième, celles des Lombards, des Gravilliers, du Temple et des Amis-de-la-Patrie ;

La septième, celles de la Réunion, de l'Homme-Armé, des Droits-de-l'Homme et des Arcis ;

La huitième, celles des Quinze-Vingts, de l'Indivisibilité, de Popincourt et de Montreuil ;

La neuvième, celles de la Fraternité, de la Fidélité, de l'Arsenal et de la Cité ;

La dixième, celles de l'Unité, de la Fontaine-Grenelle, de l'Ouest et des Invalides ;

La onzième, celles des Thermes, de Mutius-Scévola, du Théâtre-Français et du Pont-Neuf ;

La douzième, celles du Jardin-des-Plantes, de l'Observatoire, du Finistère et du Panthéon.

Les ci-devant sections de Bordeaux, de Lyon et de Marseille, seront distribuées par l'administration départementale, et sans aucun changement dans leur circonscription, en trois municipalités, appelées première, seconde et troisième.

V. Les administrations départementales seront placées dans les lieux indiqués par le tableau (1) joint à la présente loi.

---

(1) Les tableaux indiqués se trouvent au N.° 194 du Bulletin des lois.

VI. Les arrondissemens désignés jusqu'à présent par la loi pour l'exercice de la justice de paix, sont maintenus dans toute l'étendue de la France.

VII. Les tribunaux de commerce de terre et de mer, actuellement existans, sont conservés avec l'étendue territoriale de juridiction qui leur a été assignée par les lois précédentes.

Pour le département de la Drôme, il y aura un tribunal de commerce, qui est fixé à Romans.

Le tribunal civil fera les fonctions de tribunal de commerce pour tout le territoire de chaque département non assigné à un tribunal de commerce, conformément aux articles XIII et XIV du titre XII de la loi du 24 août 1790.

VIII. Il y aura en France le nombre de tribunaux correctionnels et de jurys d'accusation déterminé par le tableau joint à la présente loi. Leur placement et l'étendue territoriale de leur juridiction, seront réglés ainsi qu'il est expliqué dans ce même tableau.

L'organisation des deuxième et troisième tribunaux correctionnels du département du Mont-Terrible, est suspendue jusqu'à nouvelle circonscription de ce département.

Le tribunal civil et le tribunal criminel de chaque département seront placés dans les lieux indiqués par le tableau joint à la présente loi.

TITRE II.

Organisation administrative et de police.

IX. La police et les subsistances sont déclarées objets indivisibles d'administration dans les cantons de Bordeaux, Paris, Lyon et Marseille : en conséquence ils seront administrés par le bureau central de chacun de ces cantons, conformément à l'article 184 de la constitution, en la manière prescrite par les articles X, XI et XII de la loi du 21 fructidor de la troisième année.

X. Il y aura des commissaires de police dans les communes au-dessus de cinq mille habitans : les communes au-dessous de dix mille habitans n'auront qu'un commissaire de police ; dans les communes au-dessus de de dix mille habitans, il en sera établi un par section.

Les commissaires de police pourront exercer leurs fonctions dans toute l'étendue de la commune ou de la municipalité d'arrondissement à laquelle ils seront attachés.

Les comités civils et les officiers de paix sont supprimés.

Il n'est rien innové en ce qui concerne les gardes forestiers et gardes champêtres.

XI. Dans les cantons de Bordeaux, Lyon, Marseille et Paris, les commissaires de police seront nommés et révocables par le bureau central; il les nommera sur une liste triple des places à remplir, présentée par la municipalité d'arrondissement où ils devront exercer leurs fonctions.

Dans les autres municipalités au-dessus de cinq mille habitans, la nomination et la révocation des commissaires de police appartiendront à l'administration municipale.

XII. Dans les communes au-dessous de cinq mille habitans, l'agent municipal, ou son adjoint, remplira les fonctions d'officier de l'état civil. Dans les autres communes, chaque municipalité nommera l'un de ses membres pour exercer lesdites fonctions.

XIII. Les secrétaires en chef des administrations départementales, municipales et de bureau central, seront nommés et destituables par les membres desdites administrations.

Le nombre des employés sera fixé par lesdites administrations, de l'agrément des autorités supérieures. Le secrétaire en chef nommera et pourra révoquer les employés.

TITRE III.

Organisation judiciaire.

XIV. Il n'est rien innové aux lois précédentes sur le nombre des assesseurs des juges de paix, sur leur placement et le mode de leur nomination.

XV. Les tribunaux de commerce de terre et de mer seront organisés conformément aux articles VII et VIII, titre XII de la loi du 24 août 1790.

Les juges qui doivent les composer seront nommés suivant le mode prescrit par ladite loi.

A Bordeaux, Lyon, Marseille et Paris, les juges du tribunal de commerce seront nommés selon le mode prescrit pour Paris par la loi du 4 février 1791, en tout ce qui n'est point contraire à la constitution.

Les fonctions que la loi attribue à la municipalité et au procureur de la commune, seront remplies par le département et le commissaire du directoire exécutif près du département.

XVI. A Paris, le tribunal correctionnel sera divisé en deux sections. A cet effet, il y aura un vice-président, un commissaire du pouvoir exécutif et un substitut de ce commissaire.

Le service du tribunal correctionnel sera fait par les juges de paix alternativement, pendant une décade. Le président et le vice-président les appelleront tour-à-tour, sans pouvoir intervertir l'ordre du tableau, à moins que les juges de paix en tour ne soient légitimement empêchés.

XVII. Le tribunal de jury d'accusation établi à Paris, sera composé du président et du vice-président du tribunal correctionnel, de six directeurs de jury pris dans le tribunal civil, et d'un commissaire du directoire exécutif.

XVIII. Les administrations départementales formeront, à l'avenir, les listes des jurés d'accusation et des jurés de jugement, en la manière que les formaient précédemment les ci-devant procureurs-généraux de département, suivant la loi du 29 septembre 1791.

XIX. Les tribunaux civils seront composés de vingt juges. Néanmoins, dans les départemens où il y aura plus de trois tribunaux correctionnels, il sera ajouté au nombre de vingt, un juge pour chacun desdits tribunaux au-dessus du nombre de trois. Le tribunal civil du département de la Seine sera composé de quarante-huit juges.

XX. Chaque tribunal civil se partagera en autant de sections qu'il jugera convenable, en se conformant à l'article 220 de la constitution.

Tous les quatre mois, et à tour de rôle, deux juges d'une section en sortiront pour passer dans une autre, et réciproquement pour toutes les sections.

XXI. Les juges du tribunal civil feront

le service aux tribunaux criminels, aux jurys d'accusation, et celui de président ou de vice-président du tribunal correctionnel, par tour, suivant l'ordre du tableau.

XXII. En cas d'empêchement légitime des juges du tribunal criminel, ou des présidens des tribunaux correctionnels, ils seront remplacés par celui des juges du tribunal civil qui les suit immédiatement dans l'ordre du tableau.

XXIII. En cas d'empêchement des commissaires du directoire exécutif auprès des tribunaux, ils seront suppléés par l'un des juges nommés par le président de la section où le commissaire devait faire le service.

XXIV. Le greffier de chaque tribunal de paix, de commerce, et correctionnel, et de chaque tribunal civil, sera nommé et révocable par le tribunal pour lequel il aura été institué.

A Paris, les président et vice-président du tribunal correctionnel, les juges de paix et les directeurs de jury d'accusation, concourront à la nomination et à la révocation du greffier du tribunal correctionnel.

XXV. Les greffiers des tribunaux correctionnels tiendront respectivement les greffes des jurys d'accusation de leurs arrondissemens.

XXVI. Tout greffier d'un autre tribunal que de celui de paix, présentera aux juges, pour le faire instituer, un commis-greffier : dans les tribunaux divisés en plusieurs sections, il en présentera un pour chacune desdites sections.

XXVII. Il y aura auprès de chaque tribunal non divisé en sections, et de chaque section de tribunal, deux huissiers nommés et révocables par le tribunal ; ils feront concurremment tous exploits de justice dans tout le département, hormis pour les justices de paix et bureaux de conciliation : ceux des huissiers des tribunaux actuels qui ne seront pas du nombre des précédens, continueront provisoirement d'instrumenter en concurrence avec eux dans les départemens, et seront révocables comme eux. Il n'y aura qu'un seul huissier pour chaque justice de paix, lequel ne pourra instrumenter que dans le ressort de sa justice.

XXVIII. Les appels des jugemens qui seront rendus par les tribunaux civils, seront portés, conformément à l'article 219 de la constitution, aux tribunaux les plus voisins, ainsi qu'ils sont respectivement indiqués par le tableau joint à la présente loi.

Le choix du tribunal d'appel se fera comme ci-devant, et dans les formes jusqu'à présent observées.

XXIX. Il sera établi en chaque greffe de tribunal correctionnel, un bureau de renseignemens, où il sera tenu, soit par le greffier, soit au besoin par un ou plusieurs commis sous la surveillance et la direction du greffier, registre, par ordre alphabétique, de tous les individus qui seront appelés au tribunal correctionnel ou au jury d'accusation, avec une notice sommaire de leur affaire, et des suites qu'elle a eues.

A Bordeaux, à Lyon, à Marseille et à Paris, le greffier enverra, chaque décade, un extrait de ce registre au bureau central, où il sera tenu un registre pareil : il l'enverra, dans les communes de cinquante mille ames et au-dessus, aux administrations municipales, où il sera tenu pareil registre.

XXX. Le recensement des votes des assemblées primaires et communales de chaque canton, pour l'élection des officiers municipaux, agens et adjoints municipaux, juges de paix et assesseurs, se fera au chef-lieu du canton, en présence des commissaires de chaque assemblée, par les officiers municipaux qui en dresseront procès-verbal.

A Marseille, ce recensement sera fait au bureau central; à Bordeaux, à Lyon et à Paris, au département.

TITRE IV.

Dispositions circonstancielles et transitoires.

XXXI. Les affaires actuellement pendantes dans les tribunaux de district, seront portées, en l'état où elles se trouvent, par simple exploit de la partie la plus diligente, au tribunal civil du département.

XXXII. Tout jugement de première instance, rendu ou à rendre par un tribunal actuel de district, sera, quant à l'appellation qui en serait interjetée, considéré comme s'il était rendu par le nouveau tribunal civil du département; et le choix des tribunaux d'appel sera réglé en conséquence.

XXXIII. Le greffier du tribunal civil de chaque département se fera remettre, dans le mois de sa nomination, les registres et pièces des tribunaux de district qui se trouvent supprimés par la constitution.

XXXIV. Les registres et pièces des tribunaux correctionnels et jurys d'accusation supprimés par la constitution, seront portés, à la diligence du greffier sortant de fonctions, aux greffes des tribunaux correctionnels et des jurys d'accusation qui vont les remplacer : cette remise sera faite dans la décade de l'installation des nouveaux tribunaux.

XXXV. Jusqu'à ce que le directoire exécutif ait pu nommer ses commissaires auprès des nouvelles administrations départementales, municipales, et auprès des nouveaux tribunaux, les fonctions de commissaire du directoire exécutif seront exercées par les citoyens que commettront les nouvelles administrations départementales.

XXXVI. Les administrations actuelles de département dresseront le tableau des officiers municipaux, des agens municipaux et de leurs adjoints, à nommer par chaque canton de leur territoire, suivant les articles 179 et 180 de la constitution, et l'adresseront à la municipalité du chef-lieu, avant le jour qui va être indiqué par les articles suivans pour la convocation des assemblées primaires.

Les mêmes administrations dresseront et enverront aux assemblées électorales, le tableau des juges qu'elles devront élire d'après la constitution et la présente loi : ce tableau comprendra l'indication d'un haut-juré, et des cinq juges suppléans à élire, dont trois doivent être pris dans la commune où siége le tribunal civil, suivant l'article 217 de la constitution.

XXXVII. Les assemblées primaires seront convoquées par les administrations de département, pour le 10 brumaire prochain, à l'effet de nommer les juges de paix et leurs assesseurs ; elles le seront au même jour pour nommer les présidens des administrations municipales, et les officiers municipaux des communes de cinq mille habitans et au dessus, ou qui seraient uniques dans le canton, quoiqu'au-dessous de cinq mille ames.

Dans les cantons composés de communes dont une ou plusieurs au-dessous de cinq mille habitans, les assemblées communales seront convoquées pour le 15 brumaire prochain, par la municipalité du chef-lieu de canton, pour élire les agens municipaux et leurs adjoints, conformément à l'article 28 de la constitution.

XXXVIII. Dans un mois, à compter du jour de l'installation du directoire exécutif, seront nommés les membres du bureau central, pour les cantons de Bordeaux, de Lyon, de Marseille et de Paris.

Immédiatement après cette nomination connue dans le canton, chaque bureau central entrera en fonctions.

Aussitôt après que le bureau central sera en fonctions, le département convoquera les assemblées primaires du canton, pour l'élection de ses municipalités d'arrondissement.

XXXIX. Les nouvelles administrations départementales et municipales, et les tribunaux, seront installés par la lecture du procès-verbal de leur nomination, faite publiquement par les administrateurs, ou officiers municipaux, ou juges auxquels ils succéderont. Il en sera dressé procès-verbal.

XL. Les membres des nouvelles administrations départementales ou municipales, ceux des nouveaux tribunaux, se rendront à leur poste immédiatement après les élections; ils seront aussitôt installés.

XLI. Il sera pourvu par une loi spéciale à l'organisation administrative et judiciaire des départemens dernièrement réunis, et des colonies de la République.

XLII. La présente loi sera adressée à toutes les assemblées électorales; son insertion au bulletin tiendra lieu de publication.

LOI

LOI.

Sur l'organisation des Monnaies.

Du 22 Vendémiaire.

LA convention nationale, après avoir entendu le rapport de son comité des finances, section des assignats et monnaies, décrète ce qui suit :

TITRE PREMIER.

Des hôtels des monnaies, ateliers monétaires, et des fonctionnaires des monnaies.

ARTICLE PREMIER.

LES hôtels des monnaies de la République, pour la fabrication des espèces d'or et d'argent, sont au nombre de huit :

Paris, Perpignan, Bayonne, Bordeaux, Nantes, Lille, Strasbourg et Lyon.

Il y sera aussi fabriqué de la petite monnaie.

II. Le directoire exécutif pourra en

outre établir d'autres ateliers monétaires pour la fabrication de la petite monnaie.

III. Les hôtels des monnaies et les ateliers monétaires seront surveillés par une administration des monnaies.

IV. La trésorerie nationale fera parvenir aux hôtels et ateliers monétaires les métaux destinés à la fabrication.

V. Les fonctionnaires de l'hôtel des monnaies de Paris, sont,

Un commissaire national,

Un directeur de la fabrication,

Un contrôleur du monnayage,

Un inspecteur des essais,

Un vérificateur des essais,

Deux essayeurs,

Un graveur,

Un artiste mécanicien chargé de la surveillance des machines,

Un artiste chargé de la fabrication des poids et balances d'essai,

Et un caissier.

VI. Les fonctionnaires des autres hôtels des monnaies et ateliers monétaires, sont,

Un commissaire national,

Un directeur de la fabrication,
Un contrôleur du monnayage,
Et un caissier.

VII. Les fonctionnaires des monnaies pourront seuls occuper des logemens dans les hôtels des monnaies ou ateliers monétaires.

TITRE II.

De l'administration des monnaies.

VIII. L'ADMINISTRATION des monnaies sera composée de trois administrateurs.

IX. Les administrateurs seront nommés par le directoire exécutif.

X. L'administration sera présidée par un de ses membres, qui sera choisi tous les mois, au scrutin, par ses collègues.

XI. Elle surveillera immédiatement, dans toute l'étendue de la République, l'exécution des lois monétaires, la fabrication des monnaies, les fonctionnaires des monnaies, et l'entretien des hôtels des monnaies et ateliers monétaires. Elle cotera et paraphera les registres à l'usage des commissaires nationaux.

Elle fera éprouver les carrés nécessaires au monnayage avant de les remettre ou de les envoyer au commissaire national.

Elle vérifiera le titre des monnaies, et en jugera le travail.

Elle rédigera les tableaux servant à déterminer le titre et le poids d'après lesquels les espèces et matières d'or et d'argent seront échangées.

Elle fera procéder en conséquence, toutes les fois qu'elle le jugera convenable, à la vérification du titre des espèces étrangères nouvellement fabriquées, afin d'observer les variations qu'il pourrait éprouver.

Elle rendra publics les résultats de ces vérifications, pour que le commerce en ait connaissance ; mais elle ne pourra, dans aucun cas, changer les dispositions des tableaux actuels, ni en publier de nouveaux, sans l'autorisation du directoire exécutif.

Elle fera parvenir les tableaux, et les résultats des jugemens du travail des directeurs, à la trésorerie nationale.

Elle prendra connaissance des contraventions et négligences que pourraient commettre les fonctionnaires des monnaies, relativement à leurs fonctions seulement.

Elle en informera le directoire exécutif, qui prononcera la révocation, s'il y a lieu.

Lorsque la révocation sera suivie de restitution, l'administration fera remettre au tribunal de l'arrondissement dans lequel se trouve l'hôtel ou l'atelier monétaire, une expédition du procès-verbal qui constate les contraventions, à l'effet d'en poursuivre le jugement, dont elle surveillera l'exécution.

XII. Elle surveillera la fabrication des poinçons, matrices et carrés nécessaires au monnayage des espèces; elle commettra un de ses membres pour être présent à la remise qui en sera faite au commissaire national par le graveur : cet administrateur visera les récépissés qui en seront délivrés par le commissaire national.

XIII. Pour prévenir les inconvéniens qui pourraient résulter de la différence des réactifs et substances employés aux essais, il sera établi, près de l'administration, un dépôt de ces réactifs et substances, où tous les essayeurs seront tenus de se pourvoir. La qualité de ces réactifs et substances sera vérifiée par l'inspecteur des essais, en présence d'un administrateur nommé à cet effet; il en sera dressé procès-verbal par cet administrateur et l'inspecteur des essais.

XIV. L'administration rendra compte, chaque année, et toutes les fois qu'elle en sera requise, au directoire exécutif, des résultats de ses opérations : elle lui remettra, chaque trimestre, un état de la quantité des espèces qui auront été fabriquées.

XV. Les fonctionnaires des monnaies ne pourront s'absenter sans un congé par écrit de l'administration ; le congé sera visé par le commissaire national de l'hôtel ou de l'atelier monétaire.

XVI. Il ne pourra être placé dans un hôtel ou atelier monétaire aucun fonctionnaire public qui soit parent ou allié, jusqu'au quatrième degré exclusivement, d'aucun fonctionnaire du même hôtel ou atelier.

XVII. L'administration pourra employer

à la fabrication et au monnayage telles machines, ou faire à celles qui y sont employées tels changemens qu'elle jugera plus économiques ou plus avantageux, sur l'avis de l'artiste mécanicien, après qu'il en aura constaté l'avantage par des expériences. Les frais de ces expériences seront payés par le caissier, sur les mémoires visés par l'administration, de la même manière que les frais d'entretien et de réparation des machines et des hôtels et ateliers des monnaies.

XVIII. L'administration fixera les distributions des logemens destinés aux fonctionnaires des monnaies.

TITRE III.

Du commissaire national.

XIX. Le commissaire national exercera la police dans l'hôtel ou l'atelier des monnaies.

XX. Il veillera principalement à ce que les réglemens qui concernent la fabrication des espèces soient exactement observés par toutes les personnes chargées de quelques fonctions relatives à cette manipulation.

XXI. Il cotera et paraphera tous les registres qui seront tenus par les autres fonctionnaires attachés au service de l'hôtel ou atelier monetaire. Il enverra, chaque décade, à l'administration et à la trésorerie nationale, un bordereau de situation de la caisse, tant en matières qu'en espèces.

Tous les mois il arrêtera les registres tenus par le directeur et le caissier; il s'en fera délivrer des extraits qu'il enverra, certifiés par lui, tant à l'administration qu'à la trésorerie nationale.

XXII. Il sera dépositaire des clefs de la salle de délivrance et de celle du monnayage.

XXIII. Il sera pareillement dépositaire de l'étalon qui doit servir à la vérification des poids. A Paris, l'étalon sera déposé au secrétariat de l'administration.

XXIV. Il procédera, tous les trois mois, et plus souvent s'il le juge convenable, à la vérification des poids et balances autres que ceux d'essai.

XXV. Il sera chargé de recevoir de l'administration tous les carrés nécessaires à la fabrication; il en fera la remise au contrôleur du monnayage, à mesure des besoins du service: il tiendra registre de l'emploi de ces carrés.

XXVI. Il veillera à ce que les réparations à la charge des fonctionnaires soient exactement faites chaque année: quant à celles qui seront à la charge du trésor public, il y pourvoira lorsqu'elles seront tellement urgentes, qu'on ne pourrait les différer sans danger. Dans toute autre circonstance, il en informera l'administration, qui prendra les mesures nécessaires pour y pourvoir.

XXVII. Il rendra compte à l'administration, des détails qui pourront intéresser le bien du service, et de l'exactitude des fonctionnaires dans l'exercice de leurs fonctions.

XXVIII. S'il se commet quelque délit dans l'hôtel ou atelier monétaire, il en dressera procès-verbal, dont il remettra ou enverra, dans les vingt-quatre heures, expédition à l'accusateur public du tribunal de l'arrondissement, lequel sera tenu de lui en envoyer un reçu pour sa décharge ; et si les circonstances y donnent lieu, il fera arrêter les coupables, comme en cas de flagrant délit.

XXIX. Le commissaire national pourra se faire aider, au bureau de la délivrance, par des personnes qu'il choisira, à la charge de demeurer personnellement responsable du poids des pièces et de la beauté des empreintes : dans ce cas, il adressera tous les mois, à l'administration, un état du nombre des personnes employées et des pièces fabriquées ; il lui sera accordé, s'il y a lieu, une indemnité proportionnée.

XXX. Dans le mois de vendémiaire de chaque année, le commissaire national de l'hôtel des monnaies de Paris fera difformer, en présence de deux administrateurs et du graveur, les poinçons et matrices hors d'usage.

Le contrôleur du monnayage sera de plus appelé, et assistera à la difformation des carrés hors de service.

Dans les autres hôtels ou ateliers, le commissaire national fera difformer les carrés hors d'usage, en présence du contrôleur du monnayage.

XXXI. Tous les ans, le commissaire national procédera, au plus offrant et dernier enchérisseur, en présence de la municipalité du lieu, et à Paris en présence de l'administration, à la vente des poinçons, matrices et carrés qui auront été biffés.

Le produit en sera remis au caissier, qui en fera recette dans ses comptes.

XXXII. Le commissaire national sera nommé par le directoire exécutif.

TITRE IV.

Du directeur de la fabrication.

XXXIII. Le directeur recevra du caissier les matières destinées à être converties en espèces nationales.

Il inscrira sur un registre le titre et le poids de ces matières; il en comptera d'après le poids et le titre auxquels il les aura reçues.

XXXIV. Il sera maître de ses fontes et

alliages. Il fabriquera les flans aux poids et titre déterminés par la loi. Aussitôt que les flans auront été blanchis et marqués sur tranche, il les fera porter au bureau de délivrance. Il pourra employer, pour toutes les opérations relatives à la conversion des matières en flans, tels ouvriers qu'il voudra : il sera seul responsable de la perfection de cette opération, sous tous ses rapports.

Il se pourvoira, à ses frais, d'ouvriers pour le monnayage.

Il conviendra avec eux du salaire qu'il leur paiera : il leur fournira les balances, mannes et autres ustensiles dont ils auront besoin.

Il sera responsable du titre, du poids et de la beauté des empreintes des pièces : celles qui seront trouvées défectueuses au bureau de délivrance, seront mises au rebut pour être refondues à ses frais.

Il mettra sur les espèces qu'il fabriquera, le signe particulier ou différent dont il sera convenu avec l'administration. Il le fera insculpèr sur une planche de cuivre qui sera déposée à l'administration.

Les frais de fonte et de fabrication à la charge du directeur, et les déchets dans les

les fontes, seront réglés par le directoire exécutif, sur l'avis de l'administration.

XXXV. La construction et l'entretien des fourneaux, des lingotières, et de tous les outils servant à la fonte, seront à la charge du directeur.

Il pourvoira, à ses frais, à la dépense de toutes les réparations locatives et d'entretien du logement qu'il occupera.

XXXVI. La construction et l'entretien de toutes les machines servant à la fabrication et au monnayage, telles que laminoirs, coupoirs, balanciers, &c., les grosses réparations et l'entretien des couvertures et des laboratoires, seront à la charge du trésor public.

Le directeur sera responsable des accidens du feu.

XXXVII. Lorsqu'un directeur sera remplacé par un autre, lui ou ses représentans remettront à son successeur les ustensiles et outils servant à la fabrication; le prix lui en sera payé d'après l'estimation qui en sera faite par deux experts, l'un choisi par l'ancien directeur ou ses représentans, et l'autre par son successeur.

Si les deux experts ne sont pas d'accord, le prix sera réglé par un tiers-expert, nommé par l'administration.

XXXVIII. Le directeur sera nommé par le directoire exécutif.

TITRE V.

Du contrôleur du monnayage.

XXXIX. Le contrôleur du monnayage recevra du commissaire national les carrés nécessaires au travail, et lui en donnera un récépissé.

Il les remettra au commissaire national lorsqu'ils seront hors de service ou non employés.

Il les fera gratter et repolir lorsqu'ils en auront besoin.

Les mémoires des frais qui en résulteront seront certifiés par lui, visés par le commissaire national, réglés par l'artiste mécanicien, et ordonnancés par l'administration.

XL. Il recevra chaque jour, du commissaire national, les clefs de la salle du monnayage ; il les remettra au commissaire à la fin du travail.

XLI. Les flans à monnayer, après avoir été pesés en masse au bureau de délivrance, par le commissaire national, seront remis au contrôleur du monnayage, qui en donnera son récépissé sur un registre à ce destiné.

XLII. Lorsque les flans seront monnayés, le contrôleur les remettra au bureau de délivrance; ils y seront de nouveau pesés en masse. Si le poids de ces espèces est conforme à celui des flans, il en sera fait mention sur le registre, pour servir de décharge au contrôleur.

Dans le cas contraire, il en sera responsable envers le directeur.

XLIII. Le contrôleur sera nommé par l'administration.

TITRE VI.

De l'inspecteur des essais.

XLIV. L'INSPECTEUR des essais surveillera les travaux des essayeurs, pour la vérification du titre des matières et des espèces; il jugera les contestations qui pourraient s'élever sur le titre des matières et des espèces.

XLV. Il surveillera les travaux des artistes admis à concourir pour les places de vérificateur des essais, ou d'essayeur, qui viendront à vaquer; il remettra à l'administration le rapport des juges du concours, et il y joindra les observations dont il le croira susceptible.

XLVI. Il sera admis et aura voix délibérative dans les séances de l'administration, toutes les fois qu'il y sera question d'objets concernant les essais.

XLVII. Il proposera ses vues à l'administration sur le perfectionnement des opérations relatives aux essais.

XLVIII. Le dépôt des agens et substances nécessaires aux essais sera confié à sa garde: il tiendra registre de leur entrée et de leur sortie; ce registre sera coté et paraphé par l'administration.

XLIX. Il procédera tous les trois mois, et plus souvent s'il le juge convenable, à la vérification des poids et balances d'essai.

L. Lors de la vacance de la place d'inspecteur des essais, il sera pourvu au remplacement d'après un concours, dont les juges seront cinq chimistes choisis par le directoire exécutif.

L'examen des candidats sera fait en présence d'un commissaire du directoire exécutif et de deux administrateurs.

Sur le rapport des cinq juges, le directoire exécutif nommera à la place d'inspecteur des essais.

TITRE VII.

Du vérificateur des essais.

LI. Le vérificateur des essais vérifiera le titre des matières et espèces qui aura été indiqué par les essayeurs, et celui de l'or et de l'argent fin provenant des affinages : cette vérification se fera en présence de l'inspecteur des essais.

LII. Il ne pourra faire d'essais pour son propre compte.

LIII. Le vérificateur des essais choisira un poinçon qu'il fera insculper sur une planche de cuivre déposée au secrétariat de l'administration.

LIV. Il inscrira sur un registre particulier à ce destiné, la quantité et le titre des espèces dont il aura fait la vérification, avec la date de leur fabrication et celle du jour de la vérification.

L V. Il pourra vérifier le titre des espèces étrangères et des matières appartenant à des particuliers, et qui auront été précédemment essayées; il inscrira sur son registre le poids des lingots et le nom des propriétaires : il ne pourra les rendre qu'après avoir apposé sur chaque lingot le numéro sous lequel il sera porté sur son registre, et l'empreinte de son poinçon.

LVI. L'indemnité qu'il percevra pour ces objets sera la même que celle accordée aux essayeurs.

LVII. Lorsque la place de vérificateur des essais sera vacante, il sera pourvu au remplacement d'après un concours, dont les juges-examinateurs seront l'inspecteur des essais et deux chimistes choisis par l'administration, à laquelle ils feront leur rapport : cet examen sera public, et fait en présence d'un commissaire du directoire exécutif et d'un administrateur.

TITRE VIII.

Des essayeurs.

LVIII. LORSQU'UNE place d'essayeur sera vacante, l'administration instruira le public, par une affiche, du jour où le concours sera ouvert aux aspirans. Les juges seront l'inspecteur et le vérificateur des essais, qui procéderont à l'examen en présence de deux administrateurs; cet examen sera public.

LIX. Les citoyens qui se présenteront pour exercer les fonctions d'essayeur pour le commerce, subiront le même examen, sans concours. Lorqu'ils auront été jugés posséder les qualités requises pour leurs fonctions, l'administration leur délivrera un certificat de capacité.

LX. Les essayeurs des monnaies et ceux du commerce choisiront un poinçon qu'ils feront insculper sur une planche de cuivre déposée au secrétariat de l'administration: ceux du commerce en déposeront une semblable au greffe du tribunal de commerce de leur arrondissement; ils y feront enregistrer leur certificat de capacité.

LXI. Les essayeurs de la monnaie indiqueront le titre des espèces fabriquées ; ils y procéderont conformément aux instructions arrêtées par l'administration. Ils inscriront sur un registre particulier à ce destiné, la quantité et le titre des espèces dont ils auront fait les essais, avec la date de leur fabrication et celle du jour de l'essai.

LXII. Ils pourront essayer les espèces étrangères et les matières qui leur seront remises par le public ; ils inscriront sur leur registre le poids des métaux qu'ils essaieront, et le nom des propriétaires : ils ne pourront les rendre qu'après avoir apposé sur chaque lingot le numéro sous lequel il sera porté sur leur registre, et l'empreinte de leurs poinçons.

LXIII. Ils ne pourront, sous aucun prétexte, employer pour leurs opérations d'autres agens et substances que ceux dont ils seront tenus de se pourvoir au dépôt établi près l'administration. Les agens et charbons qui serviront à la détermination du titre des espèces, leur seront fournis par la nation.

LXIV. Les essais qu'ils feront pour le compte des particuliers, leur seront payés conformément au prix qui sera déterminé par le directoire exécutif; en conséquence ils seront tenus de rendre aux propriétaires des matières, les cornets et boutons d'essai.

LXV. En cas de maladie ou d'absence d'un des essayeurs, l'administration commettra provisoirement à l'exercice de ses fonctions la personne qui lui sera proposée par ce fonctionnaire, et dans ce cas l'essayeur demeurera responsable de ses opérations et chargé de son traitement. S'il ne proposait pas son suppléant, il y serait pourvu par l'administration.

TITRE IX.

Du graveur.

LXVI. LORSQU'IL y aura lieu au remplacement du graveur, il sera ouvert un concours, dont les juges-examinateurs seront deux graveurs, un peintre et deux sculpteurs, choisis par le directoire exécutif, auquel ils feront leur rapport : l'examen sera fait en présence d'un commissaire du directoire exécutif et de deux administrateurs.

LXVII. Le graveur sera chargé de la fabrication des poinçons, matrices et carrés nécessaires au monnayage des espèces. Les prix en seront déterminés par le directoire exécutif, sur la proposition de l'administration : il en sera payé en représentant les récépissés qui lui en auront été délivrés par l'administration, après l'épreuve des carrés.

LXVIII. Les carrés seront éprouvés en présence d'un membre de l'administration, du commissaire national et du contrôleur du monnayage ; il en sera dressé procès-verbal : les carrés seront ensuite déposés près l'administration.

LXIX. Le graveur mettra sur les carrés qu'il fabriquera ; le signe particulier ou différent dont il sera convenu avec l'administration. Il le fera insculper sur une planche de cuivre qui sera déposée au secrétariat de l'administration.

TITRE X.

De l'artiste mécanicien chargé de la surveillance des machines.

LXX. L'ARTISTE mécanicien sera nommé par le directoire exécutif.

LXXI. Il surveillera la fabrication et l'entretien des machines des hôtels et ateliers monétaires. Il proposera à l'administration ses vues sur le perfectionnement des machines : il en réglera les mémoires de construction et réparation.

TITRE XI.

De l'artiste chargé de la fabrication des poids et balances d'essai.

LXXII. CET artiste sera nommé par l'administration, sur la présentation de l'artiste mécanicien.

LXXIII. Il fournira les poids et balances d'essai qui servent au jugement de la fabrication des monnaies, et fera les réparations dont elles sont susceptibles : il en sera payé sur ses mémoires réglés par l'artiste mécanicien, et ordonnancés par l'administration.

LXXIV. Il sera tenu de vérifier et d'étalonner sans frais tous les poids et balances employés dans les hôtels et ateliers monétaires, en présence d'un administrateur qui en dressera procès-verbal.

TITRE XII.

Du caissier.

LXXV. Le caissier sera chargé de la recette au change.

Il inscrira sur un registre le nom du propriétaire, le poids, le titre et la valeur des matières reçues au change.

LXXVI. Les espèces étrangères et les espèces nationales hors de cours seront payées au change, conformément au tarif décrété le 26 pluviôse, l'an II.

Aucun autre objet n'y sera reçu et payé qu'il n'ait été préalablement revêtu du poinçon d'un essayeur, et accompagné d'un bulletin de sa part, ou du poinçon d'un orfévre, comme il va être dit dans l'article suivant.

LXXVII.

LXXVII. A défaut d'empreinte du poinçon d'un essayeur, le titre pourra être certifié par un orfévre qui y aura apposé son poinçon ; mais dans ce cas, le propriétaire ne recevra provisoirement, et par à-compte, que jusqu'à concurrence des trois quarts de la valeur présumée de l'objet, d'après le titre annoncé par l'orfévre.

Dans ce dernier cas, il sera coupé, dans le laboratoire de la monnaie, en présence du directeur ou d'un préposé de sa part, du caissier et du propriétaire, une portion de matière qui sera pesée et mise sous enveloppe avec les cachets du directeur, du caissier et du propriétaire. Le paquet sera remis au commissaire national avec le numéro de l'objet, pour être adressé à l'administration à Paris, et en faire déterminer le titre.

LXXVIII. Ces formalités n'auront cependant lieu que dans le cas où le directeur déclarerait ne vouloir pas s'en charger au titre annoncé par l'orfévre.

LXXIX. Le directeur est autorisé à percevoir le même droit que les essayeurs, sur les matières apportées au change, et qu'il essaierait lui-même. Le directeur de la monnaie de Paris est seul excepté de cette disposition.

LXXX. Indépendamment des matières apportées au change, le caissier recevra celles qui lui seront adressées par la trésorerie nationale, pour être converties en espèces.

LXXXI. Il livrera au directeur, sous récépissé, les matières nécessaires à la fabrication.

LXXXII. Il se chargera en recette des espèces fabriquées, à mesure qu'elles lui seront délivrées par le commissaire national.

LXXXIII. Il fera parvenir ces espèces à la trésorerie nationale.

LXXXIV. Il enverra, toutes les décades, à la trésorerie nationale, le bordereau de sa caisse, tant en matières qu'en espèces.

LXXXV. Il acquittera les dépenses courantes de l'hôtel ou atelier monétaire, certifiées par le commissaire national.

Le caissier sera nommé par le directoire exécutif. *(Article additionnel décrété le 28 vendémiaire.)*

TITRE XIII.

De la délivrance des flans des espèces d'or et d'argent.

LXXXVI. LORS de la présentation des flans au bureau de délivrance par le directeur, le commissaire national en fera vérifier le poids en sa présence et celle du contrôleur du monnayage. Les flans qui se trouveront hors des limites de poids déterminées par la loi, seront mis au rebut, et seront refondus en présence du commissaire national. Il en sera de même pour les flans qui auraient des défauts de fabrication.

LXXXVII. Il sera dressé procès-verbal de cette opération, signé du commissaire national, du directeur et du contrôleur du monnayage.

TITRE XIV.

De la délivrance des espèces.

LXXXVIII. LORS de la remise des espèces au bureau de délivrance par le contrôleur du monnayage, les espèces seront pesées en masse, en présence du commissaire national, du directeur, du contrôleur du monnayage et du caissier; il en sera dressé procès-verbal.

Le commissaire national vérifiera ensuite la beauté des empreintes : s'il s'en trouve de défectueuses, ces pièces seront mises au rebut, cisaillées et refondues en présence du commissaire national.

LXXXIX. Le caissier prendra, au hasard, six pièces sur toutes les autres; le poids de ces six pièces sera constaté. Elles seront mises dans un paquet portant les cachets du commissaire national, du directeur et du caissier. Ce paquet sera adressé, par le prochain courrier, à l'administration, par le commissaire national.

XC. La masse restante des pièces sera remise au caissier, après que son poids et le nombre des pièces auront été constatés.

XCI. Il sera dressé procès-verbal de ces opérations, signé du commissaire national, du directeur et du caissier; il en sera adressé une expédition à l'administration, par l'inspecteur national.

TITRE XV.

Du jugement du titre des pièces d'or et d'argent.

XCII. L'ADMINISTRATION indiquera le jour du jugement. L'inspecteur des essais se rendra au lieu des séances de l'administration.

XCIII. Les cachets reconnus sains, le président de l'administration ouvrira le paquet, et vérifiera le poids des pièces indiqué dans le procès-verbal de délivrance.

XCIV. Il en sera remis trois à l'inspecteur des essais, qui les fera laminer pour les difformer, et y apposera un poinçon de marque, après les avoir pesées séparément.

Il en remettra une à chacun des deux essayeurs, et gardera la troisième pour la remettre au vérificateur, s'il y a lieu.

Les essayeurs opéreront chacun séparément, dans le laboratoire de l'inspecteur des essais. Ils donneront leurs résultats dans le jour et par écrit.

XCV. Le poids d'essai, pour l'or, sera de huit dixièmes de gramme.

XCVI. Le poids d'essai, pour l'argent, sera d'un gramme et trois dixièmes de gramme (1).

XCVII. Si les rapports des deux essayeurs sont d'accord, le titre sera jugé d'après ce rapport.

XCVIII. Si les rapports des deux essayeurs ne sont pas d'accord, le vérificateur procédera, en présence de l'inspecteur des essais, à la vérification du titre.

XCIX. Si le rapport du vérificateur est d'accord avec celui d'un des essayeurs, le titre sera jugé d'après ce rapport.

C. Si le titre annoncé par le vérificateur est compris entre ceux déterminés par les essayeurs, le jugement sera fait d'après le titre moyen des trois essais.

CI. Si le titre annoncé par le vérificateur,

---

(1) Par un décret du 28 vendémiaire, l'article suivant a été substitué aux articles XCV et XCVI : « *Le poids* » *d'essai, tant pour l'or que pour l'argent, sera d'un* » *gramme* ».

n'est point compris entre ceux déterminés par les essayeurs, il sera fait un nouvel essai par le vérificateur, sous les yeux de l'inspecteur des essais, de la manière suivante.

CII. Il sera pris partie égale de chacune des trois pièces, pour faire un nouvel essai. Le résultat déterminera le jugement du titre, s'il n'en est pas autrement ordonné par l'inspecteur des essais.

Les essayeurs et le vérificateur remettront à l'inspecteur des essais le restant des peuilles ainsi que les boutons et cornets d'essai, pour faire les expériences ultérieures qu'il jugera convenables.

CIII. Si l'inspecteur des essais reconnaissait qu'il y eût lieu à un nouvel examen, il ferait procéder, sous ses yeux, à une nouvelle vérification, par le vérificateur des essais, conformément à ce qui est prescrit par l'article CII.

Ce dernier résultat déterminera le jugement du titre.

CIV. Il sera dressé procès-verbal de ces opérations, signé de l'inspecteur, du vérificateur des essais, et des essayeurs. Il en sera remis expédition à l'administration.

CV. A la fin de chaque année, l'inspecteur des essais remettra au caissier le restant des peuilles ; le caissier lui en donnera décharge. Les pièces restantes à l'administration seront prises en recette par le caissier, qui en comptera à la trésorerie nationale.

CVI. L'administration enverra le jugement au commissaire national, qui l'inscrira sur son registre, et en donnera copie certifiée au directeur et au caissier.

CVII. Si le titre est jugé dans les limites prescrites par la loi, le caissier s'en chargera en recette, pour en compter à la trésorerie nationale.

CVIII. Si le titre est jugé hors des limites prescrites par la loi, les pièces seront remises par le caissier au directeur, en présence du commissaire national, après avoir été cisaillées : elles seront refondues en présence du commissaire national.

TITRE XVI.

De la vérification et de la délivrance de la petite monnaie.

CIX. LORS de la présentation des flans au bureau de la délivrance, soit par le directeur, soit par un entrepreneur particulier, le commissaire national mettra au rebut, pour être refondus en sa présence, ceux qu'il jugerait mal fabriqués ou de mauvaise qualité.

CX. Les flans restans seront pesés par vingt kilogrammes, en présence du commissaire national, du directeur, de l'entrepreneur, et du contrôleur du monnayage.

CXI. Sur chaque pesée de vingt kilogrammes, le commissaire national prendra au hasard trois cents pièces qui seront séparées en trois parties égales. Chacune de ces trois parties sera pesée séparément, et l'on déterminera le rapport du poids des pièces de chaque partie avec le poids légal. De la réunion de ces trois résultats, il sera formé un résultat unique, d'après lequel on jugera si la fabrication des flans setrouve dans les termes de tolérance fixés par la loi.

CXII. Lorsque le poids des flans sera jugé hors de la loi, toute la fabrication sera remise, soit au directeur, soit à l'entrepreneur, qui sera tenu de la refondre à ses frais, en présence du commissaire national.

CXIII. Lorsque le poids des flans sera jugé dans les termes de la loi, ils seront remis par poids au contrôleur du monnayage, lequel les fera monnayer.

CXIV. Après le monnayage, le contrôleur du monnayage apportera les espèces au bureau de la délivrance. Le poids en sera constaté en sa présence.

CXV. Le commissaire national examinera les espèces, et mettra au rebut celles qui seraient défectueuses, pour y être refondues en sa présence, aux frais du directeur. Le poids des pièces restantes sera constaté. Le commissaire national prendra au hasard quatre pièces qu'il enverra, sous son cachet, à l'administration : le reste sera délivré au caissier.

CXVI. De toutes ces opérations il sera

dressé procès-verbal qui sera signé par toutes les personnes qui y auront assisté.

Copie du procès-verbal sera adressée à l'administration, qui en enverra un extrait à la trésorerie nationale et au directeur ou à l'entrepreneur.

TITRE XVII.

Des salaires attribués aux fonctionnaires des monnaies.

CXVII. Le traitement annuel des fonctionnaires des monnaies demeure fixé ainsi qu'il suit :

Pour chaque administrateur et inspecteur des essais, l'équivalent de trois mille myriagrammes de grains, ci.....	3,000 myr.
Le commissaire national, le vérificateur des essais, le caissier et l'artiste mécanicien, à chacun.................	2,500
A chacun des essayeurs...	1,500
Le contrôleur du monnayage................	1,200
Le directeur...........	2,000.

Le graveur, et l'artiste chargé de la fabrication des poids et balances, seront payés sur leurs mémoires réglés par l'artiste mécanicien, visés par le commissaire national, et ordonnancés par l'administration.

CXVIII. Les salaires ci-dessus seront payés par le caissier, sur simples mémoires visés par l'administration.

CXIX. Les mémoires de construction, entretien et réparation des hôtels ou ateliers monétaires, seront certifiés par le commissaire national, et ordonnancés par l'administration.

Les mémoires de construction, entretien et réparation des machines, seront certifiés par le commissaire national, réglés par l'artiste mécanicien, et ordonnancés par l'administration.

CXX. Chaque année l'administration présentera au directoire exécutif, qui le proposera au corps législatif,

1.° L'état des frais de bureau, de construction, entretien et réparation des hôtels, ateliers monétaires, et des machines;

2.° Celui des frais de fabrication des poinçons,

poinçons, matrices et carrés, des poids et balances ;

3.° Celui des frais de fabrication des flans et de monnayage des espèces.

CXXI. Toutes dispositions contraires au présent décret sont et demeurent abrogées.

LOI

Concernant les Écoles de services publics.

Du 30 Vendémiaire.

LA convention nationale, après avoir entendu le rapport des comités de salut public et d'instruction publique, décrète :

TITRE PREMIER.

Dispositions générales.

ARTICLE PREMIER.

INDÉPENDAMMENT de l'organisation générale de l'instruction, la République entretient des écoles relatives aux différentes professions uniquement consacrées au service public, et qui exigent des connaissances particulières dans les sciences et les arts.

II. Ces écoles sont comprises sous les dénominations suivantes :

École polytechnique.
Écoles d'artillerie.
École des ingénieurs militaires.
École des ponts et chaussées.
École des mines.
École des géographes.
École des ingénieurs de vaisseaux.
Écoles de navigation.
Écoles de marine.

III. On ne peut être admis à aucune de ces écoles sans avoir justifié de l'instruction préliminaire exigée pour les examens de concours, suivant le mode prescrit pour chacune d'elles.

IV. Les élèves des écoles de services publics sont salariés par l'État.

V. Les écoles actuellement existantes, relatives aux services publics dont il s'agit dans le présent décret, prendront à l'avenir les dénominations énoncées à l'article II, et qui conviennent respectivement à leur genre.

Ce qui concerne leur nombre et leur régime propre sera déterminé dans les titres suivans, ou par de simples réglemens du pouvoir exécutif, suivant la nature des objets.

VI. Celles des écoles indiquées à l'article II, et qui n'existent pas encore, seront instituées le plus promptement possible.

VII. Les écoles de services publics seront entretenues sur les fonds à la disposition des ministres respectifs qui en auront la surveillance. Les ministres proposeront, le plutôt possible, au corps législatif la somme annuelle qu'il convient d'affecter à chacune d'elles.

VIII. Seront exclus des écoles de services publics les citoyens qui auraient manifesté des opinions ou qui auraient tenu une conduite anti-républicaines.

TITRE II.

École polytechnique.

ARTICLE PREMIER.

L'ÉCOLE polytechnique sera sous l'autorité du ministre de l'intérieur.

Cette école est destinée à former des élèves pour le service de l'artillerie; du génie militaire; des ponts et chaussées, et constructions civiles; des mines; des constructions de vaisseaux et bâtimens de mer; de la topographie; et en même temps pour l'exercice libre des professions qui nécessitent des connaissances mathématiques et physiques.

II. Le nombre des élèves qui la composeront est réduit à trois cent soixante.

III. Les conditions et le mode d'examen pour être admis à cette école, seront conformes à ce qui est prescrit par la loi du 15 fructidor, an III.

IV. Le cours complet des études de l'école polytechnique sera de trois années, conformément à son organisation actuelle.

V. A la fin de chaque année, il sera fait un examen des élèves, pour connaître leur instruction, leur capacité, et le travail qu'ils auront fait, conformément à ce qui est prescrit par l'article VIII de la loi du 15 fructidor, an III.

VI. Ceux qui auront satisfait aux conditions exigées, passeront au travail de la deuxième et de la troisième année, et commenceront par l'une ou l'autre, suivant la profession particulière à laquelle ils se destineront, ou suivant qu'il sera réglé par l'autorité qui dirige l'école.

VII. Les élèves qui se destineront à servir la patrie, soit dans l'artillerie, soit dans les ponts et chaussées, soit dans le génie militaire, soit dans les mines, pourront, après leur deuxième année d'études à l'école polytechnique, se présenter aux concours qui seront ouverts à Paris pour ces divers services.

VIII. Ils seront examinés sur les élémens de mathématiques, y compris la mécanique, et sur les autres travaux qu'ils auront faits à l'école : les plus instruits et les plus capables seront admis pour chaque partie, à proportion des places vacantes dans l'année, d'après ce qui sera statué par les ministres de la guerre et de l'intérieur, en ce qui les concerne respectivement.

IX. Les élèves ainsi reçus iront aux écoles d'application, ou exerceront immédiatement les fonctions auxquelles ils sont destinés, suivant les réglemens de chaque espèce de service, et ils jouiront des appointemens qui y sont attachés.

Les élèves non reçus pourront passer à l'école polytechnique une troisième année, et à son expiration, se présenter de nouveau à l'examen.

X. Ceux admis pour le génie militaire et les ponts et chaussées, achèveront à l'école polytechnique la troisième année du cours d'études, avant d'entrer à l'école d'application de leur genre : leur traitement pendant cette troisième année sera augmenté de 300 francs.

XI. Après leur première année d'études à l'école polytechnique, les élèves qui voudraient être, soit ingénieurs de vaisseaux, soit ingénieurs-géographes, se présenteront à l'examen qui sera ouvert à Paris, pour l'admission aux écoles d'application de ces deux genres : les plus instruits y seront reçus, en même nombre que celui des places à y remplir ; les autres pourront continuer leurs études à l'école polytechnique, pour se faire examiner de nouveau à l'époque prescrite.

XII. Les élèves des mines, ainsi que ceux de l'école des ingénieurs de vaisseaux, pourront, quoiqu'attachés à leurs écoles particulières à Paris, suivre l'enseignement de la physique et de la chimie, donné à l'école polytechnique, et travailler dans les laboratoires de cette école.

XIII. Enfin, ceux qui se proposeraient de servir la République dans d'autres genres que ceux énoncés dans les articles précédens, auront la faculté d'achever le cours entier des études de l'école polytechnique, ou d'en sortir à leur gré après la première, la seconde ou la troisième année, en s'assujétissant d'ailleurs à tous les réglemens de l'école.

XIV. Dans aucun cas, aucun élève ne pourra rester en cette qualité plus de quatre ans à l'école polytechnique.

XV. Le ministre de l'intérieur fera connaître à l'avance, chaque année, le nombre des élèves à admettre à l'école polytechnique, d'après le nombre des places qui deviendront vacantes.

Il statuera d'ailleurs sur tout ce qui concerne le régime intérieur de l'école, et tiendra la main à ce que l'enseignement et le travail y soient les plus propres à remplir le but qu'on se propose dans cette institution, en se conformant toutefois à ce qui lui sera prescrit par le directoire exécutif.

XVI. A l'avenir, il ne sera plus admis aux écoles particulières du génie militaire, des ponts et chaussées, des mines, des géographes, ainsi que de l'artillerie et des ingénieurs de vaisseaux, que des jeunes gens ayant passé à l'école polytechnique, et ayant rempli toutes les conditions prescrites.

Néanmoins, jusqu'à ce qu'il se trouve assez d'élèves qui aient satisfait à ces conditions, le directoire exécutif entretiendra ces différens services par des élèves ou choisis suivant l'ancien mode, ou tirés de l'école polytechnique ; à cet effet, il pourra prendre dans cette école ceux dont il jugerait les services utiles à la patrie, suivant les circonstances.

TITRE III.

Des écoles d'artillerie.

ARTICLE PREMIER.

L'ÉCOLE des élèves d'artillerie, établie à Châlons-sur-Marne, restera en activité jusqu'à la paix. Les réglemens donnés pour cette école par le comité de salut public, en date du 25 floréal, seront observés jusqu'à la cessation de cette école.

II. A la paix, et lors de la suppression de l'école de Châlons, les élèves qui se destineront à entrer dans l'artillerie, suivront, deux ans au moins, les études de l'école polytechnique ; ils ne seront admis ensuite dans l'une des écoles des régimens, créées par la loi du 8 floréal, an troisième, qu'après un examen qui constatera leur instruction et leur capacité.

III. Les huit écoles d'artillerie, placées

près des régimens de cette arme, seront disposées et entretenues par le ministre de la guerre, de manière que les élèves qui y seront envoyés comme officiers et après avoir subi l'examen indiqué dans l'article précédent, puissent y appliquer leurs connaissances, aux arts, à la construction des ouvrages, et aux manœuvres de guerre, qui dépendent de l'artillerie. Les études de mathématiques élémentaires qui en faisaient partie, seront supprimées, et renvoyées avant l'examen nécessaire pour entrer à ces écoles.

TITRE IV.

École des ingénieurs militaires.

ARTICLE PREMIER.

L'ÉCOLE des ingénieurs militaires, réunie à celle des mineurs, sera établie à Metz, dans la ci-devant abbaye de Saint-Arnould, et mise en activité le plus promptement possible.

II. Le nombre des élèves ne pourra être au-dessus de vingt.

Ils auront le grade de sous-lieutenant, et le traitement en conséquence.

III. Il ne sera reçu à l'école de Metz, que des jeunes gens ayant fait trois années d'études à l'école polytechnique, et ayant prouvé leur instruction dans les examens qu'ils subiront à cet effet.

IV. L'examen pour l'admission à l'école de Metz, aura lieu à Paris, tous les ans, dans le mois de frimaire.

Les élèves reçus auront la faculté, ou d'aller sur-le-champ à Metz, ou de prendre un congé jusqu'au premier germinal suivant.

V. Dans tous les cas, ils seront tenus de se rendre à l'école à cette époque, qui sera celle de l'ouverture des travaux.

VI. Ces travaux seront l'application des connaissances théoriques que les élèves auront prises à l'école polytechnique : ils auront principalement pour objet la construction de toutes sortes d'ouvrages de fortifications, de mines et contre-mines, les simulacres de siége, d'attaque et de défense, les levées de plans et les reconnaissances militaires, enfin, tous les détails du service des ingénieurs dans les places et aux armées.

VII. Ces études seront au moins d'une année : après ce temps, les élèves qui auront l'instruction suffisante, pourront être détachés dans des garnisons, ou employés à divers objets de service, en attendant qu'ils puissent être compris dans le corps du génie, en raison des places vacantes.

VIII. Le ministre de la guerre, avec l'approbation du directoire exécutif, déterminera le nombre des élèves à recevoir chaque année à l'école de Metz, ou à en faire sortir.

Il organisera cette école, pour remplir le but de son institution.

IX. Les officiers admis depuis 1792 pour servir en qualité d'ingénieurs militaires, seront tenus, pour continuer leur service, de faire preuve de capacité, de moralité, et d'instruction dans les examens qu'ils subiront devant un examinateur, pour la partie théorique, et deux officiers supérieurs du génie. Ces examens commenceront à avoir lieu dans le courant de brumaire prochain.

X. Le pouvoir exécutif donnera, pendant un an, à ceux qui seront jugés n'avoir

pas

pas les connaissances nécessaires, les facilités convenables pour acquérir l'instruction qui leur manque; au bout duquel temps, ceux qui n'auraient pas satisfait à l'examen, ne seront plus admis à remplir les fonctions d'officier du génie.

TITRE V.

École des ponts et chaussées.

ARTICLE PREMIER.

L'ÉCOLE actuelle des ponts et chaussées, créée en 1747, et instituée de nouveau conformément à la loi du 19 janvier 1791, est conservée comme école d'application.

II. Le dépôt des plans et modèles relatifs aux travaux des routes, canaux et ports maritimes, continuera d'être joint à cette école.

III. Les élèves seront au nombre de trente-six, et serviront au remplacement tant des ingénieurs connus sous la dénomination d'ingénieurs des ponts et chaussées, que de ceux qui, dans les grands ports, étaient nommés ingénieurs des bâtimens civils de la marine.

IV. Les élèves seront tirés de l'école polytechnique, conformément à ce qui est prescrit dans le titre relatif à cette école, et conserveront le traitement qu'ils y avaient.

V. L'instruction qui sera donnée dans l'école des ponts et chaussées, aura principalement pour objet, 1.° l'application des principes de physique et de mathématiques à l'art de projeter et construire les ouvrages relatifs aux routes, aux canaux et aux ports maritimes, et aux édifices qui en dépendent; 2.° les moyens d'exécution et de pratique; 3.° les formes établies pour la rédaction des devis et détails estimatifs des ouvrages à exécuter, et l'ordre à tenir dans la comptabilité.

Le local actuel de l'école des ponts et chaussées n'étant pas national, le ministre de l'intérieur est chargé de lui trouver un emplacement plus convenable, et de pourvoir à l'organisation de cet établissement.

TITRE VI.

École des mines.

ARTICLE PREMIER.

L'AGENCE des mines actuellement existante, prendra dorénavant le nom de *conseil des mines*, et sera sous l'autorité du ministre de l'intérieur.

Ce conseil donnera au ministre des avis motivés sur tout ce qui a trait aux mines de la République.

Les dispositions des arrêtés du comité de salut public, des 13 et 18 messidor, an II, relatifs au conseil et aux inspecteurs, ingénieurs et élèves des mines, continueront d'être exécutées en tout ce qui ne sera pas contraire au présent décret.

II. Il sera établi une école pratique pour l'exploitation et le traitement des substances minérales.

Le ministre de l'intérieur est chargé de placer cette école près d'une mine appartenant à la République, et déjà en activité, ou dont on puisse commencer et suivre l'exploitation avec avantage.

III. Le nombre des élèves des mines sera de vingt.

Les élèves actuels seront réduits à ce nombre, par un concours qui aura lieu avant le mois de nivôse : ce concours consistera dans un examen des élèves, que le conseil des mines fera faire, par des inspecteurs, sur toutes les connaissances théoriques et pratiques nécessaires à l'exploitation des mines.

IV. Dix, au moins, des élèves seront attachés à l'école pratique pour y suivre pendant un an, et plus s'il le faut, l'instruction qui y sera donnée : les autres élèves seront attachés respectivement à chacun des inspecteurs, pour les accompagner dans leurs tournées, et revenir avec eux à Paris, lorsque ces inspecteurs se réunissent près du conseil des mines.

Le conseil pourra garder constamment près de lui deux des élèves, pour les employer aux opérations qu'il jugera les plus utiles.

V. Chaque année, deux élèves choisis au concours parmi ceux qui auront suivi au moins pendant un an l'école pratique, et auront voyagé avec un inspecteur au moins pendant une autre année, seront reçus ingénieurs surnuméraires. Leur traitement en cette qualité sera augmenté de 500 francs par an.

VI. Les surnuméraires seront employés comme les ingénieurs, les suppléeront au besoin, et passeront par ancienneté aux places qui deviendront vacantes.

VII. Le nombre des élèves des mines sera complété, chaque année, par des candidats tirés de l'école polytechnique, conformément à ce qui est prescrit au titre relatif à cette école.

Pendant les deux prochaines années seulement, les élèves qui seront réformés par suite du présent décret, seront admis à concourir avec les élèves de l'école polytechnique, pour remplir les places vacantes parmi les élèves des mines.

VIII. Il sera attaché à l'école pratique des mines deux professeurs, l'un des connaissances relatives aux travaux d'exploitation, l'autre de docimasie et métallurgie; lesquels seront aidés dans leurs fonctions par deux ingénieurs des mines.

IX. Indépendamment des élèves des mines, il sera admis à l'école pratique dix externes, âgés de 15 à 20 ans, et qui auront fait preuve de capacité et de bonne conduite : ces externes suivront l'instruction de l'école à leurs frais, et seront renouvelés chaque année.

X. Néanmoins, pour la première année seulement, ceux des élèves réformés par l'effet du concours prescrit par l'article III du présent titre, pourront continuer leur instruction près l'école pratique, et y conserveront leur traitement.

Ces élèves, alors, tiendront lieu des externes dont il est parlé dans l'article précédent; et dans le cas où le nombre en serait moindre que dix, il pourra être complété par des externes non salariés.

XI. Il sera attaché à la garde des collections formées à Paris, près le conseil des mines, 1.° un conservateur des objets de minéralogie; 2.° un conservateur des produits chimiques, chargé en même temps des essais; 3.° un bibliothécaire, versé dans les langues étrangères.

TITRE VII.

École des géographes.

ARTICLE PREMIER.

Il sera établi une école composée habituellement de vingt élèves, qui seront instruits et exercés aux opérations géographiques et topographiques, aux calculs qui y sont relatifs, et au dessin de la carte.

II. Ces élèves feront leurs premières études, au moins pendant un an, à l'école polytechnique, et ils subiront un examen lorsqu'ils en sortiront, pour entrer à l'école des géographes.

III. Cet examen aura, en général, pour objet les mathématiques pures et appliquées; mais il portera principalement sur l'astronomie géométrique, les deux trigonométries et le dessin de la carte.

IV. L'instruction des élèves de l'école des géographes sera divisée en deux parties, dont l'une aura pour objet les opérations sur le terrain, et l'autre le travail du cabinet.

V. Les opérations sur le terrain seront de trois sortes :

1.° Le figuré du terrain ;

2.° Les mesures géométriques, soit des angles, soit des bases ;

3.° Les observations astronomiques.

VI. Les travaux du cabinet auront deux objets, savoir :

1.° Les opérations graphiques relatives à la réduction et au dessin des cartes ;

2.° Les calculs trigonométriques et les toisés.

VII. Le traitement annuel des élèves de l'école des géographes, sera le même que celui dont ils jouissaient à l'école polytechnique.

VIII. Il y aura deux professeurs à l'école des géographes, dont un pour la partie géométrique, et un pour le dessin. Le directeur du cadastre sera attaché à cette école, et en formera le conseil avec les professeurs.

IX. Chaque année, le directeur du cadastre, et les diverses administrations qui auront besoin de géographes, feront leurs demandes au ministre de l'intérieur. Les places à remplir seront données aux plus instruits des élèves, qui prendront alors le titre d'*ingénieur-géographe*.

X. Pour donner de l'activité aux travaux du cadastre, et pouvoir y appliquer le plus promptement possible des hommes à talens, le nombre des élèves sera d'abord provisoirement porté à cinquante, avec un professeur de plus pour le dessin : ce supplément y sera entretenu tant que l'exigeront les besoins du cadastre.

XI. Le ministre de l'intérieur est chargé de pourvoir à l'emplacement et à l'organisation de cette école.

TITRE VIII.

École des ingénieurs de vaisseaux.

ARTICLE PREMIER.

L'ÉCOLE des ingénieurs-constructeurs actuellement existante à Paris, est conservée sous le nom d'*école des ingénieurs de vaisseaux*.

II. Après la présente année, il ne sera admis à cette école que des jeunes gens ayant fait au moins un an d'études à l'école polytechnique.

III. Le choix entre ces élèves sera fait chaque année par un examen de concours sur la géométrie descriptive, la mécanique, et les autres parties du travail affecté à la première année d'études de l'école polytechnique.

IV. Le traitement des élèves admis à l'école des ingénieurs de vaisseaux sera de 1500 francs par an.

V. Quant au surplus de l'instruction donnée à l'école des ingénieurs de vaisseaux, et à son régime, ils continueront d'avoir lieu comme par le passé.

Il n'est rien innové également par rapport au nombre des élèves.

Les cinq élèves pour la construction des bâtimens de commerce, qui y étaient attachés, y seront reçus de même chaque année, et aux mêmes conditions : ils auront la faculté de suivre tant l'enseignement de la première année, donné à l'école polytechnique, que celui de l'école particulière des ingénieurs de vaisseaux.

TITRE IX.

Écoles de navigation.

ARTICLE PREMIER.

LES écoles de mathématiques et d'hydrographie destinées pour la marine de l'État, et les écoles d'hydrographie destinées à la marine du commerce, prendront, à l'avenir, le nom d'*écoles de navigation.*

II. Les dispositions de la loi du 10 août 1791 concernant ces écoles, sont maintenues.

III. Il sera formé deux nouvelles écoles de navigation pour le commerce ; l'une sera placée à Morlaix, et l'autre à Arles.

Le ministre de la marine est chargé de les établir le plus promptement possible, semblablement aux autres écoles de même genre.

TITRE X.

Écoles de marine.

ARTICLE PREMIER.

LES aspirans de la marine seront reçus

dans un concours où ils seront interrogés sur l'arithmétique, l'algèbre, la géométrie, la statique et la navigation.

On se conformera d'ailleurs, relativement à ce concours, au titre II de la loi du 10 août 1791.

II. Les aspirans reçus se rendront dans celui des ports qui leur sera indiqué par le ministre de la marine.

III. Les écoles pour les aspirans de la marine, seront établies dans les ports de Brest, Toulon et Rochefort.

IV. Il sera armé chaque année, dans chacun de ces ports, une corvette dont l'unique destination sera de servir à l'instruction des aspirans de la marine, et sur laquelle ils seront embarqués aussitôt après leur arrivée dans le port.

V. Cette corvette mettra souvent à la voile, et fera des sorties le long des côtes; elle sera désarmée et réarmée; enfin on y exécutera tout ce qui peut donner aux aspirans l'instruction la plus complète sur le grément, le pilotage et le canonnage. Les aspirans y subiront des examens sur ces divers objets.

VI.

VI. Après six mois d'embarquement sur la corvette d'instruction, les aspirans rentreront dans le port, et seront occupés à suivre les différens ateliers de la marine, où des maîtres choisis leur expliqueront les détails des ouvrages qui s'y fabriquent.

VII. Peu de mois après leur débarquement, une nouvelle corvette, ou une frégate, commandée par des officiers habiles, sera armée dans chaque port, et les aspirans y seront embarqués pour faire une campagne de long cours, qui durera environ un an.

VIII. Pendant ce temps, les aspirans seront exercés aux manœuvres et observations les plus utiles à leur instruction et au progrès de la navigation.

Ils rédigeront les journaux et mémoires de l'expédition; et dans les belles mers, les officiers leur feront commander les mouvemens du vaisseau.

IX. Les aspirans de la marine qui n'ont point été reçus au concours, comme il est prescrit par le titre II de la loi du 10 août 1791, seront tenus de satisfaire aux conditions de ce concours, avant de monter sur les corvettes d'instruction.

X. Le ministre de la marine est chargé de l'établissement le plus prochain des corvettes d'instruction, et d'y faire passer successivement les aspirans actuels, en commençant par les plus anciens.

XI. Pour être reçu, à l'avenir, enseigne entretenu, il faudra avoir fait son service sur les deux corvettes d'instruction, et satisfaire en outre à toutes les autres conditions actuellement exigées pour parvenir à ce grade.

LOI

Concernant l'organisation du Tribunal de cassation.

Du 2 Brumaire.

LA convention nationale décrète :

TITRE PREMIER.

Organisation du tribunal de cassation,

ARTICLE PREMIER.

Distribution des juges en sections.

LES cinquante juges composant le tribunal de cassation seront distribués en trois sections.

II. Tous les six mois, et à tour de rôle, cinq juges de chaque section en sortiront pour passer dans une autre.

Pourront néanmoins les juges sortant d'une section y faire les rapports dont ils étaient chargés avant leur sortie.

Organisation et compétence de la première section.

III. La première section, composée de

seize juges, statuera sur l'admission ou le rejet des requêtes en cassation ou en prise-à-partie, et définitivement sur les demandes, soit en réglement de juges, soit de renvoi d'un tribunal à un autre.

Organisation et composition des deuxième et troisième sections.

IV. Les deux autres sections, composées chacune de dix-sept juges, prononceront définitivement sur les demandes en cassation ou en prise-à-partie, lorsque les requêtes auront été admises.

La troisième section prononcera exclusivement sur les demandes en cassation en matière criminelle, correctionnelle et de police, sans qu'il soit besoin de jugement préalable d'admission.

Présidens de chaque section et du tribunal entier.

V. Chaque section nommera un président et un vice-président, qui resteront en fonctions jusqu'au renouvellement de la section.

Les sections assemblées seront présidées par le doyen d'âge des présidens.

Substituts du commissaire du directoire exécutif.

VI. Il y aura près du tribunal de cassation, indépendamment du commissaire du directoire exécutif, trois substituts nommés et révocables par le directoire exécutif.

TITRE II.

Officiers du tribunal, et employés attachés à son service.

Greffier.

VII. Le tribunal de cassation aura un greffier en chef, qu'il nommera et pourra révoquer.

Commis-greffiers.

VIII. Le greffier en chef présentera, pour les faire instituer, quatre commis-greffiers, dont un sera spécialement attaché au dépôt civil; il pourra les révoquer.

Commis d'ordre et expéditionnaires.

IX. Indépendamment des quatre commis-greffiers, le greffier en chef aura six employés qui feront les fonctions de commis d'ordre et d'expéditionnaires; il les nommera, et pourra les révoquer.

Commis du parquet.

X. Il y aura un commis du parquet, nommé et révocable par le commissaire du directoire exécutif.

Huissiers.

XI. Il y aura près du tribunal de cassation huit huissiers, qu'il nommera et qu'il pourra révoquer. Les présidens des sections se concerteront pour distribuer entre les huissiers le service du tribunal. Ces huissiers instrumenteront exclusivement dans les affaires de la compétence du tribunal de cassation, dans l'étendue seulement de la commune où il siégera: ils pourront instrumenter concurremment avec les autres huissiers, dans tout le département de la résidence du tribunal de cassation.

Concierge et garçons de bureau.

XII. Le tribunal de cassation aura un concierge, et quatre garçons de bureau, dont un sera spécialement attaché au parquet. Le concierge sera nommé par le tribunal, qui pourra aussi le révoquer. Les garçons de bureau seront sous la direction du concierge ; il les nommera, et pourra les congédier,

Fournitures.

XIII. Les fournitures pour le service du tribunal et du greffe, en lumière, papier, bois et autres objets, seront faites entre les mains du concierge, et sous la surveillance de l'un des juges, sur l'état qui en sera arrêté par les trois présidens et par le commissaire du directoire exécutif, et ordonnancé par le ministre de la justice.

TITRE III.

Formes à observer au tribunal de cassation.

Jugemens préparatoires ; quand susceptibles de cassation.

XIV. Le recours en cassation contre les jugemens préparatoires et d'instruction ne sera ouvert qu'après le jugement définitif; mais l'exécution, même volontaire, de tel jugement, ne pourra, en aucun cas, être opposée comme fin de non-recevoir.

Suppression de tout relief de laps de temps.

XV. Il ne sera point admis de relief de laps de temps pour se pourvoir en cassation.

Instruction par simples mémoires.

XVI. L'instruction au tribunal de cassation se fera par simples requêtes ou mémoires déposés au greffe : ils ne pourront y être reçus, et les juges ne pourront y avoir égard, que lorsqu'on y aura joint, en les déposant, l'original de la signification à la partie ou à son domicile, excepté pour la requête ou mémoire introductif, qui ne sera signifié qu'en cas d'admission, et avec le jugement d'admission.

Consignation d'amende.

XVII. La requête ou mémoire en cassation, en matière civile, ne sera pas reçue au greffe, et les juges ne pourront y avoir égard, à moins que la quittance de consignation d'amende n'y soit jointe.

Seront néanmoins dispensés de la consignation d'amende,

1.° Les agens de la République, lorsqu'ils

se pourvoiront pour affaires qui la concernent directement;

2.° Les citoyens indigens, aux termes de la loi du 8 juillet 1793.

Nombre des mémoires.

XVIII. Il ne pourra, en matière civile, y avoir plus de deux mémoires de la part de chaque partie, compris en ce nombre la requête introductive.

Rapports.

XIX. Dans toutes les sections du tribunal de cassation, les affaires seront jugées sur rapport fait publiquement par l'un des juges, lequel n'énoncera son opinion qu'au même temps que ses collègues et dans la même forme.

XX. Aucun membre du tribunal ne pourra rapporter une affaire qu'il aurait déjà rapportée lors du jugement d'admission du mémoire en cassation ou en prise-à-partie.

Plaidoiries.

XXI. En toute affaire, les parties peuvent par elles-mêmes, ou par leurs défenseurs, plaider et faire des observations pertinentes; les plaidoiries suivront le rapport, ensuite le ministère public fera ses réquisitions, après quoi les juges procéderont au jugement en la forme indiquée par la loi.

TITRE IV.

Des jugemens et de leurs effets.

Nombre des juges.

XXII. CHAQUE section pourra juger au nombre de neuf juges, et tous les jugemens seront rendus à la majorité absolue des suffrages.

Partage d'opinions.

XXIII. En cas de partage d'opinions dans l'une des sections, le jugement de l'affaire sera porté devant les trois sections réunies.

Ce qui s'observe après la cassation, en matière civile.

XXIV. En matière civile, lorsque la procédure seule aura été cassée, elle sera recommencée à partir du premier acte où les formes n'auront pas été observées. Si le jugement seul a été cassé, l'affaire sera portée devant l'un des tribunaux d'appel de celui qui avait rendu le jugement. Ce tribunal sera déterminé de la même manière que dans le cas de l'appel. Il procédera au jugement sans nouvelle instruction.

Lois qui doivent être observées au tribunal de cassation.

XXV. Le réglement du 28 juin 1738, et les lois antérieures relatives au tribunal de cassation, continueront d'y être observés en toutes les dispositions auxquelles il n'est pas dérogé par la présente loi.

LOI

Portant que les juges qui formeront le cinquième sortant chaque année du Tribunal de cassation, se retireront à mesure que ceux qui composent le cinquième entrant seront installés, &c.

Du 2 Brumaire.

LA convention nationale décrète que les juges qui formeront le cinquième sortant chaque année du tribunal de cassation, se retireront à mesure que ceux qui composent le cinquième entrant seront installés; ils détermineront par le sort, ou par toute autre voie qu'ils estimeront la plus convenable, l'ordre dans lequel ils cesseront leurs fonctions.

LOI

Portant que la Liquidation de la dette publique, et celle particulière de la dette des émigrés, continueront à être organisées en administration séparée.

Du 3 Brumaire.

LA convention nationale décrète :

ARTICLE PREMIER.

LA liquidation de la dette publique et la liquidation particulière de la dette des émigrés, continueront de demeurer organisées en administration séparée et indépendante d'aucun département du ministère pour la confection de leurs travaux.

II. Les liquidateurs seront néanmoins dépendans

dépendans du ministère des finances, pour les deux objets ci-après énoncés.

III. Les directeurs desdites liquidations mettront, tous les mois, sous les yeux du ministre des finances, deux états, l'un des liquidations de nature à opérer des inscriptions au grand livre, l'autre de celles qui ne donneront lieu qu'à des reconnaissances de liquidation. Le ministre prendra du directoire exécutif, sur chacun de ces états, la décision qui doit en autoriser le paiement, ou l'inscription, à prélever et déduire sur les fonds décrétés annuellement pour cet objet par le corps législatif.

IV. Les reconnaissances de liquidation ou certificats de propriété qui seront délivrés par les deux liquidations, seront assujétis au *visa* du ministre des finances, et ce *visa* aura pour objet d'attester que les reconnaissances ou certificats de propriété sont à prendre dans les sommes comprises dans le décret du corps législatif et la décision du pouvoir exécutif qui y seront relatés.

V. Le ministre des finances sera chargé du *visa* attribué par la loidu premier floréal à la commission des revenus nationaux, et statuera aussi définitivement, et sans autre recours, sur les réclamations portées par les créanciers contre les décisions des deux administrations en matière de liquidation.

VI. Lesdites administrations feront, sous leur seule responsabilité, et sous la surveillance immédiate du directoire exécutif, la liquidation de toutes les créances soumises à leur vérification, en se conformant aux lois existantes.

VII. Les liquidateurs présenteront le résultat de leurs opérations au directoire exécutif, qui demeure chargé d'employer tous les moyens de les terminer promptement.

VIII. Le directoire exécutif rendra compte, tous les trois mois, au corps législatif, de l'état des travaux de la liquidation, et demandera les fonds nécessaires pour l'acquit du montant présumé des liquidations à faire dans le cours desdits trois mois.

IX. Les frais des bureaux desdites liquidations seront réglés par le directoire exécutif : provisoirement les fonds affectés à ces dépenses ne pourront excéder ceux précédemment décrétés.

X. Jusqu'à ce que le directoire exécutif ait obtenu les fonds nécessaires pour continuer la liquidation, et pour éviter tout retard, la trésorerie nationale est autorisée à faire payer ou inscrire au grand livre de la dette publique le montant des liquidations jusqu'à concurrence de la somme de cent cinquante millions, d'après les reconnaissances de liquidation et certificats de propriété délivrés tant par les directeurs généraux de la liquidation que par les administrations de département, et dans les formes ci-dessus prescrites.

XI. Les dispositions du présent décret sont communes aux administrations départementales autant qu'elles sont chargées de la liquidation des dettes des émigrés de leur ressort.

LOI

Sur l'organisation de l'Instruction publique.

Du 3 Brumaire.

LA convention nationale décrète :

TITRE PREMIER.

Écoles primaires.

ARTICLE PREMIER.

IL sera établi dans chaque canton de la République une ou plusieurs écoles primaires, dont les arrondissemens seront déterminés par les administrations de département.

II. Il sera établi dans chaque département plusieurs jurys d'instruction ; le nombre de ces jurys sera de six au plus, et chacun sera composé de trois membres nommés par l'administration départementale.

III. Les instituteurs primaires seront examinés par l'un dés jurys d'instruction ;

et sur la présentation des administrations municipales, ils seront nommés par les administrations de département.

IV. Ils ne pourront être destitués que par le concours des mêmes administrations, de l'avis d'un jury d'instruction, et après avoir été entendus.

V. Dans chaque école primaire, on enseignera à lire, à écrire, à calculer, et les élémens de la morale républicaine.

VI. Il sera fourni par la République, à chaque instituteur primaire, un local, tant pour lui servir de logement, que pour recevoir les élèves pendant la durée des leçons.

Il sera également fourni à chaque instituteur le jardin qui se trouverait attenant à ce local.

Lorsque les administrations de département le jugeront plus convenable, il sera alloué à l'instituteur une somme annuelle, pour lui tenir lieu du logement et du jardin susdits.

VII. Ils pourront, ainsi que les professeurs des écoles centrales et spéciales, cumuler traitement et pensions.

VIII. Les instituteurs primaires recevront de chacun de leurs élèves une rétribution annuelle, qui sera fixée par l'administration de département.

IX. L'administration municipale pourra exempter de cette rétribution un quart des élèves de chaque école primaire, pour cause d'indigence.

X. Les réglemens relatifs au régime des écoles primaires seront arrêtés par les administrations de département, et soumis à l'approbation du directoire exécutif.

XI. Les administrations municipales surveilleront immédiatement les écoles primaires, et y maintiendront l'exécution des lois et des arrêtés des administrations supérieures.

TITRE II.

Écoles centrales.

ARTICLE PREMIER.

Il sera établi une école centrale dans chaque département de la République.

II. L'enseignement y sera divisé en trois sections.

Il y aura dans la première section,

1.° Un professeur de dessin;

2.° Un professeur d'histoire naturelle;

3.° Un professeur de langues anciennes;

4.° Un professeur de langues vivantes, lorsque les administrations de département le jugeront convenable, et qu'elles auront obtenu à cet égard l'autorisation du corps législatif.

Il y aura dans la deuxième section,

1.° Un professeur d'élémens de mathématiques;

2.° Un professeur de physique et de chimie expérimentales.

Il y aura dans la troisième section,

1.° Un professeur de grammaire générale;

2.° Un professeur de belles-lettres;

3.° Un professeur d'histoire;

4.° Un professeur de législation.

III. Les élèves ne seront admis aux cours de la première section, qu'après l'âge de douze ans;

Aux cours de la seconde, qu'à l'âge de quatorze ans accomplis ;

Aux cours de la troisième, qu'à l'âge de seize ans au moins.

IV. Il y aura auprès de chaque école centrale une bibliothèque publique, un jardin et un cabinet d'histoire naturelle, un cabinet de chimie et de physique expérimentales.

V. Les professeurs des écoles centrales seront examinés et élus par un jury d'instruction.

Les élections faites par le jury seront soumises à l'approbation de ladite administration.

VI. Les professeurs des écoles centrales ne pourront être destitués que par un arrêté de la même administration, de l'avis du jury d'instruction, et après avoir été entendus.

L'arrêté de destitution n'aura son effet qu'après avoir été confirmé par le directoire exécutif.

VII. Le salaire annuel et fixe de chaque

professeur est le même que celui d'un administrateur de département.

Il sera de plus réparti entre les professeurs le produit d'une rétribution annuelle, qui sera déterminée par l'administration de département, mais qui ne pourra excéder 25 livres pour chaque élève.

VIII. Pourra néanmoins l'administration de département excepter de cette rétribution un quart des élèves de chaque section, pour cause d'indigence.

IX. Les autres réglemens relatifs aux écoles centrales seront arrêtés par les administrations de département, et confirmés par le directoire exécutif.

X. Les communes qui possédaient des établissemens d'instruction connus sous le nom de colléges et dans lesquelles il ne sera pas placé d'école centrale, pourront conserver les locaux qui étaient affectés auxdits colléges, pour y organiser, à leurs frais, des écoles centrales supplémentaires.

XI. Sur la demande des citoyens desdites communes, et sur les plans proposés par leurs administrations municipales, et approuvés par les administrateurs de département, l'organisation des écoles centrales supplémentaires, et les modes de la contribution nécessaire à leur entretien, seront décrétés par le corps législatif.

XII. L'organisation des écoles centrales supplémentaires sera rapprochée, autant que les localités le permettront, du plan commun des écoles centrales instituées par la présente loi.

TITRE III.

Des écoles spéciales.

ARTICLE PREMIER.

Il y aura dans la République des écoles spécialement destinées à l'étude

1.° De l'astronomie;

2.° De la géométrie et de la mécanique;

3.° De l'histoire naturelle;

4.° De la médecine;

5.° De l'art vétérinaire;

6.° De l'économie rurale;

7.° Des antiquités;

8.° Des sciences politiques ;

9.° De la peinture, de la sculpture et de l'architecture ;

10.° De la musique.

II. Il y aura de plus des écoles pour les sourds-muets et pour les aveugles-nés.

III. Le nombre et l'organisation de chacune de ces écoles seront déterminés par des lois particulières, sur le rapport du comité d'instruction publique.

IV. Ne sont point comprises parmi les écoles mentionnées dans l'article premier du présent titre, les écoles relatives à l'artillerie, au génie militaire et civil, à la marine et aux autres services publics, lesquelles seront maintenues telles qu'elles existent, ou établies par des décrets particuliers.

TITRE IV.

Institut national des sciences et des arts.

ARTICLE PREMIER.

L'INSTITUT national des sciences et des arts appartient à toute la République ; il est fixé à Paris : il est destiné, 1.° à perfectionner les sciences et les arts par des recherches non interrompues, par la publication des découvertes, par la correspondance avec les sociétés savantes et étrangères ; 2.° à suivre, conformément aux lois et arrêtés du directoire exécutif, les travaux scientifiques et littéraires qui auront pour objet l'utilité générale et la gloire de la République.

II. Il est composé de membres résidant à Paris, et d'un égal nombre d'associés répandus dans les différentes parties de la République ; il s'associe des savans étrangers, dont le nombre est de vingt-quatre, huit pour chacune des trois classes.

III. Il est divisé en trois classes, et chaque classe en plusieurs sections, conformément au tableau suivant :

CLASSES

CLASSES et SECTIONS.	Membres à Paris.	Associés dans les départ.
I.re CLASSE.		
Sciences physiques et mathématiques.		
1 Mathématiques	6	6
2 Arts mécaniques	6	6
3 Astronomie	6	6
4 Physique expérimentale	6	6
5 Chimie	6	6
6 Histoire naturelle et minéralog.	6	6
7 Botanique et physique végétale.	6	6
8 Anatomie et zoologie	6	6
9 Médecine et chirurgie	6	6
10 Économie rurale et arts vétérin.	6	6
II.e CLASSE.	60	60
Sciences morales et politiques.		
1 Analyse des sensations et des idées	6	6
2 Morale	6	6
3 Science sociale et législation.	6	6
4 Économie politique	6	6
5 Histoire	6	6
6 Géographie	6	6
III.e CLASSE.	36	36
Littérature et beaux-arts.		
1 Grammaire	6	6
2 Langues anciennes	6	6
3 Poésie	6	6
4 Antiquités et monumens	6	6
5 Peinture	6	6
6 Sculpture	6	6
7 Architecture	6	6
8 Musique et déclamation	6	6
	48	48

IV. Chaque classe de l'institut a un local où elle s'assemble en particulier.

Aucun membre ne peut appartenir à deux classes différentes ; mais il peut assister aux séances et concourir aux travaux d'une autre classe.

V. Chaque classe de l'institut publiera tous les ans ses découvertes et ses travaux.

VI. L'institut national aura quatre séances publiques par an. Les trois classes seront réunies dans ces séances.

Il rendra compte, tous les ans, au corps législatif, des progrès des sciences et des travaux de chacune de ses classes.

VII. L'institut publiera, tous les ans à une époque fixe, les programmes des prix que chaque classe devra distribuer.

VIII. Le corps législatif fixera, tous les ans, sur l'état fourni par le directoire exécutif, une somme pour l'entretien et les travaux de l'institut national des sciences et des arts.

IX. Pour la formation de l'institut national, le directoire exécutif nommera quarante-huit membres, qui éliront les quatre-vingt-seize autres.

Les cent quarante-quatre membres réunis nommeront les associés.

X. L'institut une fois organisé, les nominations aux places vacantes seront faites par l'institut, sur une liste au moins triple, présentée par la classe où une place aura vaqué.

Il en sera de même pour la nomination des associés, soit français, soit étrangers.

XI. Chaque classe de l'institut aura dans son local une collection des productions de la nature et des arts, ainsi qu'une bibliothèque relative aux sciences ou aux arts dont elle s'occupe.

XII. Les réglemens relatifs à la tenue des séances et aux travaux de l'institut, seront rédigés par l'institut lui-même et présentés au corps législatif, qui les examinera dans la forme ordinaire de toutes les propositions qui doivent être transformées en lois.

TITRE V.

Encouragemens, récompenses, et honneurs publics.

ARTICLE PREMIER.

L'INSTITUT national nommera, tous les ans au concours, vingt citoyens, qui seront chargés de voyager et de faire des observations relatives à l'agriculture, tant dans les départemens de la République, que dans les pays étrangers.

II. Ne pourront être admis au concours mentionné dans l'article précédent, que ceux qui réuniront les conditions suivantes :

1.° Etre âgé de vingt-cinq ans au moins;

2.° Etre propriétaire ou fils de propriétaire d'un domaine rural formant un corps d'exploitation, ou fermier ou fils de fermier d'un corps de ferme d'une ou de plusieurs charrues, par bail de trente ans au moins;

3.° Savoir la théorie et la pratique des principales opérations de l'agriculture;

4.° Avoir des connaissances en arithmétique, en géométrie élémentaire, en économie politique, en histoire naturelle en général, mais particulièrement en botanique et en minéralogie.

III. Les citoyens nommés par l'institut national voyageront pendant trois ans aux frais de la République, et moyennant un traitement que le corps législatif déterminera.

Ils tiendront un journal de leurs observations, correspondront avec l'institut, et lui enverront, tous les trois mois, les résultats de leurs travaux, qui seront rendus publics.

Les sujets nommés seront successivement pris dans chacun des départemens de la République.

IV. L'institut national nommera, tous les ans, six de ses membres pour voyager, soit ensemble, soit séparément, pour faire des recherches sur les diverses branches des connaissances humaines autres que l'agriculture.

V. Le palais national à Rome, destiné

jusqu'ici à des élèves français de peinture, sculpture et architecture, conservera cette destination.

VI. Cet établissement sera dirigé par un peintre français ayant séjourné en Italie, lequel sera nommé par le directoire exécutif, pour six ans.

VII. Les artistes français désignés à cet effet par l'institut, et nommés par le directoire exécutif, seront envoyés à Rome. Ils y résideront cinq ans dans le palais national, où ils seront logés et nourris aux frais de la République, comme par le passé: ils seront indemnisés de leurs frais de voyage.

VIII. La nation accorde à vingt élèves, dans chacune des écoles mentionnées dans les titres II et III de la présente loi, des pensions temporaires, dont le *maximum* sera déterminé chaque année par le corps législatif.

Les élèves auxquels ces pensions devront être appliquées, seront nommés par le directoire exécutif, sur la présentation des professeurs et des administrations de département.

IX. Les instituteurs et professeurs publics établis par la présente loi, qui auront rempli leurs fonctions durant vingt-cinq années, recevront une pension de retraite, égale à leur traitement fixe.

X. L'institut national, dans ses séances publiques, distribuera chaque année plusieurs prix.

XI. Il sera, dans les fêtes publiques, décerné des récompenses aux élèves qui se seront distingués dans les écoles nationales.

XII. Des récompenses seront également décernées, dans les mêmes fêtes, aux inventions et découvertes utiles, aux succès distingués dans les arts, aux belles actions, et à la pratique constante des vertus domestiques et sociales.

XIII. Le corps législatif décerne les honneurs du Panthéon aux grands hommes dix ans après leur mort.

TITRE VI.

Fêtes nationales.

ARTICLE PREMIER.

DANS chaque canton de la République, il sera célébré, chaque année, sept fêtes nationales; savoir :

Celle de la fondation de la République, le premier vendémiaire;

Celle de la jeunesse, le 10 germinal;

Celle des époux, le 10 floréal;

Celle de la reconnaissance, le 10 prairial;

Celle de l'agriculture, le 10 messidor;

Celle de la liberté, les 9 et 10 thermidor;

Celle des vieillards, le 10 fructidor.

II. La célébration des fêtes nationales de canton consiste,

En chants patriotiques;

En discours sur la morale du citoyen;

En banquets fraternels;

En divers jeux publics propres à chaque localité;

Et dans la distribution des récompenses.

III. L'ordonnance des fêtes nationales en chaque canton, est arrêtée et annoncée à l'avance par les administrations municipales.

IV. Le corps législatif décrète, chaque année deux mois à l'avance, l'ordre et le mode suivant lesquels la fête du premier vendémiaire doit être célébrée dans la commune où il réside.

LOI

Qui divise en deux sections les Écoles primaires des deux sexes.

Du 3 Brumaire.

LA convention nationale, ouï le rapport de son comité d'instruction publique, décrète ce qui suit :

ARTICLE PREMIER.

CHAQUE école primaire sera divisée en deux sections, une pour les garçons, l'autre pour les filles : en conséquence, il y aura un instituteur et une institutrice.

II. Les filles apprendront à lire, écrire, compter, les élémens de la morale républicaine ; elles seront formées aux travaux manuels de différentes espèces utiles et communes.

LOI

Qui détermine les lieux dans lesquels seront placées les Écoles centrales instituées par la loi du 7 Ventôse, an III.

Du 3 Brumaire.

LA convention nationale, après avoir entendu le rapport de son comité d'instruction publique, décrète :

ARTICLE PREMIER.

LES écoles centrales instituées par la loi du 7 ventôse, an III, seront placées conformément à la loi du 18 germinal dernier, sauf les exceptions comprises dans l'article suivant.

II. Dans le département de Loïr et Cher, l'école centrale sera placée à Vendôme ; dans le département du Var, à Toulon ; dans le département de l'Hérault, à Montpellier ; dans le département de l'Arriége, à Saint-Girons ; dans le département de la Gironde, à Bordeaux ; dans le département du Nord, à Maubeuge ; dans le département de Seine-et-Marne, à Provins; dans le département de Saône-et-Loire, à Autun; dans le département de l'Aisne, à Laon; dans le département des Côtes-du-Nord, à Guingamp; dans le département du Pas-de-Calais, à Boulogne; dans le département de la Manche, à Avranches.

III. Dans la Belgique et les pays réunis à la République par la loi du 9 vendémiaire dernier, les écoles centrales seront placées dans les chefs-lieux de département.

IV. Il sera établi cinq écoles centrales dans la commune de Paris.

LOI

Sur le Costume des Législateurs et des autres Fonctionnaires publics.

Du 3 Brumaire.

LA convention nationale, après avoir entendu le rapport de son comité d'instruction publique, décrète :

ARTICLE PREMIER.

TOUTES les matières et étoffes employées

aux costumes des fonctionnaires publics seront du crû du territoire de la République, ou de fabrique nationale.

II. Le costume des fonctionnaires publics est réglé ainsi qu'il suit :

CORPS LÉGISLATIF.

Conseil des cinq-cents.

La robe longue et blanche, la ceinture bleue, le manteau écarlate (le tout en laine), la toque de velours bleu.

Conseil des anciens.

Même forme de vêtement. La robe en bleu-violet, la ceinture écarlate, le manteau blanc (le tout en laine), la toque de velours même couleur que la robe.

Ces deux vêtemens, ornés de broderies de couleur.

DIRECTOIRE EXÉCUTIF.

Le directoire exécutif aura deux costumes, l'un pour ses fonctions ordinaires, l'autre pour les représentations dans les fêtes nationales, &c.

Costume

Costume ordinaire.

Habit - manteau à revers et manches, couleur nacarat, doublé de blanc, richement brodé en or sur l'extérieur et les revers ;

Veste longue et croisée, blanche, et brodée d'or ;

L'écharpe en ceinture, bleue, à franges d'or, le pantalon blanc (le tout en soie) ;

Le chapeau noir, rond, retroussé d'un côté, et orné d'un panache tricolor ;

L'épée portée en baudrier sur la veste ; la couleur du baudrier, nacarat.

Grand costume.

L'habit-manteau bleu, et par-dessus, un manteau nacarat.

Secrétaire du directoire exécutif.

Même forme de vêtement que celui du directoire exécutif dans son costume ordinaire. Tout en noir, le panache noir avec une seule plume rouge ; un cachet suspendu en sautoir sur la poitrine.

Ministres.

Même forme de vêtement que celui du

directoire exécutif. Le dessus noir; doublure, revers, veste et pantalon, ponceau; l'écharpe en ceinture, blanche (le tout de soie et orné de broderies en soie de couleur); le chapeau noir, surmonté d'un panache ponceau; le baudrier noir.

Messagers d'État.

Veste longue et blanche, ceinture bleue, pantalon bleu; manteau court, bleu, à revers rouges; chapeau noir, rond, orné d'une plume blanche panachée de bleu et de rouge; bottines.

Huissiers.

Veste longue, noire; culotte et bas, ou pantalon, noirs; écharpe en ceinture, rouge; toque rouge, ornée d'une plume rouge; un bâton noir avec pomme d'ivoire, et de la hauteur de l'homme; un petit manteau noir.

Haute-cour de justice.

Même forme de vêtement que celui du corps législatif. Ce vêtement, entièrement blanc, ainsi que la toque; il sera orné d'une bande tricolor.

La robe et la toque des deux accusateurs publics près cette cour, seront en bleu-clair; la ceinture rouge; le manteau blanc.

Tribunal de cassation.

Même forme de vêtement que celui du corps législatif. La robe et la toque en bleu-clair, le manteau blanc et la ceinture rouge.

Le commissaire du directoire exécutif près le tribunal aura le vêtement de même forme que le directoire exécutif. Ce vêtement sera entièrement noir.

Nota. Tous les commissaires du directoire exécutif près les tribunaux auront ce même vêtement.

Tribunaux de justice correctionnelle, criminelle et civile.

Les membres de ces tribunaux resteront vêtus ainsi qu'ils sont maintenant : des marques distinctives leur seront destinées relativement à leurs fonctions respectives; savoir :

Pour le tribunal de justice correctionnelle.

Un petit faisceau sans hache, en argent,

suspendu sur la poitrine par un ruban bleu liséré de rouge et de blanc.

Pour le tribunal criminel.

Un faisceau avec hache, suspendu en sautoir par un ruban rouge liséré de bleu et de blanc.

Pour le tribunal civil.

Un œil en argent, également suspendu par un ruban blanc liséré de rouge et de bleu.

Juges de paix.

Point de vêtement particulier ; mais, pour marque distinctive, ils porteront une branche d'olivier en métal, suspendue sur la poitrine par un ruban blanc, avec un très-petit liséré bleu et rouge ; ils auront à la main un bâton blanc, de la hauteur de l'homme, et surmonté d'une pomme d'ivoire, sur laquelle sera gravé un œil en noir.

Administrations départementales.

La même forme de vêtement que pour le directoire exécutif. Le dessus noir ; doublure, revers, veste, bleu - clair ;

écharpe blanche en ceinture ; culotte et bas, ou pantalon, noirs ; le chapeau noir, rond, retroussé d'un côté, orné de plumes tricolor panachées, dans lesquelles le bleu dominera.

Administrations municipales.

Les officiers municipaux porteront l'écharpe tricolor, comme ils ont fait jusqu'à présent ; et les présidens de ces administrations porteront un chapeau rond, orné d'une petite écharpe tricolor, surmonté d'une plume panachée aux trois couleurs.

Trésoriers.

L'habit noir ordinaire ; sur le côté gauche, une petite clef brodée en or.

III. Provisoirement, les membres du conseil des cinq-cents porteront une écharpe en ceinture ; les membres du conseil des anciens porteront cette écharpe en baudrier ; les uns et les autres auront le chapeau orné de la petite écharpe et du panache tricolor.

Le costume ou les marques distinctives,

affectés actuellement à divers fonctionnaires publics, continueront d'être portés jusqu'à ce que le corps législatif ait ordonné les changemens prescrits par l'article II du présent décret.

LOI

Portant que les Emplois militaires sont à la nomination du Directoire exécutif.

Du 3 Brumaire.

LA convention nationale, après avoir entendu son comité de salut public, décrète :

ARTICLE PREMIER.

LE comité de salut public est autorisé à nommer aux emplois militaires qui jusqu'à présent ont été à la nomination de la convention nationale.

II. Le droit de nomination qui jusqu'à présent a été exercé à l'égard des emplois militaires par la convention nationale, le sera par le directoire exécutif, à compter du jour de son installation.

LOI

Relative au mode d'Élection des présidens des Tribunaux civils des départemens, et à la durée de leurs fonctions.

Du 4 Brumaire.

La convention nationale, sur le rapport de sa commission dès onze, décrète que les présidens des tribunaux civils de département seront élus par chaque section, et que leurs fonctions continueront jusqu'au renouvellement des sections.

LOI

D'ordre du jour sur l'époque du Renouvellement du premier membre du Directoire exécutif.

Du 4 Brumaire.

La convention nationale, sur la proposition d'un membre, tendant à déclarer que le renouvellement du premier membre du directoire exécutif n'aura lieu qu'au mois de prairial de l'an V, passe à l'ordre du jour, motivé sur l'acte constitutionnel, et sur les lois des 5 et 13 fructidor, desquelles il résulte que les élections faites et à faire jusqu'à la fin de brumaire présent mois, sont censées faites aux mois de germinal et prairial de l'an IV.

LOI

Qui réunit au territoire de la République française le ci-devant duché de Bouillon *et ses dépendances.*

Du 4 Brumaire.

LA convention nationale, après avoir entendu le rapport de son comité de salut public, décrète que la commune de *Bouillon* et son territoire, ainsi que les communes qui en dépendent, et qui formaient ci-devant le duché du même nom, sont réunis au territoire de la République française, et seront répartis entre les départemens de l'Ourthe, des Forêts et des Ardennes.

Les représentans du peuple envoyés dans les départemens réunis par la loi du 9 vendémiaire dernier, sont chargés de l'exécution du présent décret.

LOI

Relative au tableau de Répartition de population entre les départemens, pour déterminer le nombre de Députés qui appartient à chacun d'eux.

Du 4 Brumaire.

LA convention nationale, après avoir entendu le rapport de sa commission des onze et de son comité de division, décrète que le tableau de répartition de population entre les départemens, pour déterminer le nombre de députés qui appartient à chacun d'eux, et qui a été envoyé aux assemblées électorales tenues le 20 vendémiaire de l'an IV, antérieurement à la réunion des neuf départemens de la Belgique et pays adjacens, ne sera que provisoire; renvoie au corps législatif la formation d'un nouveau tableau de répartition, dans lequel seront compris les départemens réunis, et qui servira pour les élections de l'an V, après lesquelles il ne pourra, conformément à la constitution, être fait aucun changement au tableau jusqu'à l'an XIV inclusivement.

EXTRAIT DE LA LOI

Concernant l'Abolition de la peine de Mort, &c.

Du 4 Brumaire.

LA convention nationale, après avoir entendu le rapport de sa commission des onze, décrète :

ARTICLE PREMIER.

A dater du jour de la publication de la paix générale, la peine de mort sera abolie dans la République française.

FIN DE LA CONSTITUTION

ET DES LOIS Y RELATIVES.

APPENDICE.

LOI

Concernant l'ordre des Délibérations et la Police du Corps législatif. (1)

Du 28 Fructidor, an III.

La convention nationale, après avoir entendu le rapport de sa commission des onze, décrète ce qui suit :

Commissions des inspecteurs.

ARTICLE PREMIER.

CHACUN des deux conseils nommera tous les trois mois une commission de cinq membres, chargée de surveiller et d'arrêter les dépenses nécessaires à la tenue des

(1) Quoique ce décret soit purement réglementaire et n'ait pas été officiellement promulgué, on a cru qu'il devait faire partie de ce recueil.

séances, l'entretien de l'édifice où il est logé, la police de son enceinte, et généralement tous les détails d'administration relatifs à ces différens objets.

II. Ils nommeront les huissiers nécessaires au service du conseil, ainsi que tous les autres employés.

Disposition de la salle.

ARTICLE PREMIER.

La salle des délibérations de chacun des conseils sera disposée de manière que chaque membre ait un siége commode, avec une tablette propre à prendre des notes.

II. Les siéges seront séparés les uns des autres; ils seront rangés dans un ordre tel que chaque membre puisse prendre ou quitter sa place sans occasionner de confusion.

III. Les siéges seront distribués par séries numériques, et chacun d'eux sera numéroté dans sa série.

IV. Il régnera au-dessous du rang le moins élevé des siéges, une balustrade qui formera

formera autour du bureau une enceinte parfaitement libre.

V. Les huissiers pourront seuls se tenir dans l'enceinte tracée par la balustrade.

VI. Il sera posé tous les mois, à la porte d'entrée de la salle de chacun des conseils, un vase qui contiendra un nombre de numéros égal à celui des siéges contenus dans la salle.

VII. Chaque membre, en entrant, tirera du vase un bulletin qui portera le numéro de l'un des siéges et celui de la série dans laquelle il est placé. Il ne pourra, en aucun cas et sous aucun prétexte, occuper pendant le mois un autre siége que celui qui lui sera échu.

VIII. Deux commis-secrétaires, placés auprès du vase ci-dessus mentionné, inscriront le nom de chaque membre au moment où il devra tirer son bulletin; et aussitôt il portera, à la suite de son nom, le numéro du siége et celui de la série qui lui seront échus.

IX. A la fin de la séance, ils feront le relevé des noms de tous les membres du conseil qui, ne s'étant pas rendus à la séance, n'ont pas pris de numéros. Il sera formé une liste de ces noms.

X. A l'ouverture de la séance du lendemain, un des secrétaires fera l'appel successif de ces noms; et, après l'appel de chacun d'eux, le président tirera un des numéros restés dans l'urne d'après l'opération de la veille.

XI. Ce numéro sera inscrit à côté du nom pour lequel il aura été tiré. Le résultat général sera affiché sur-le-champ à la porte d'entrée de la salle, afin que chacun des membres absens la veille, prenne le siége que le sort lui aura assigné.

XII. Chaque membre sera tenu de rester en place et assis. L'enceinte et le bureau seront toujours libres.

XIII. La barre sera réservée pour les citoyens qui seront admis en qualité de pétitionnaires, ou pour ceux qui y seront appelés.

XIV. Les membres de l'un et de l'autre conseil pourront seuls se placer dans l'intérieur de leur salle. Tout étranger qui s'y serait introduit, sera tenu de se retirer, aux premiers ordres qui lui seront intimés. Dans le cas de résistance et de la nécessité de requérir main-forte, l'étranger sera conduit en prison pour vingt-quatre heures, ou pour un temps plus long, suivant la gravité des circonstances.

XV. Pour faciliter l'exécution du précédent article, pendant tout le cours de la séance les députés entreront et sortiront uniquement par les portes de dégagement. Les portes principales ne seront ouvertes pendant le cours de la séance, que pour les messagers d'État ; elles seront fermées aussitôt après leur introduction ou leur sortie.

XVI. Tout signe d'approbation ou d'improbation est sévèrement interdit, tant aux membres de chacun des conseils, qu'aux citoyens présens aux délibérations.

XVII. Si un membre de l'un des conseils trouble l'ordre, il y sera rappelé nominativement par le président ; s'il continue, le président sera tenu d'ordonner l'inscription nominative du rappel à l'ordre, au procès-verbal. En cas de résistance, le conseil sera consulté, et prononcera une peine proportionnée au désordre qui aura été excité.

XVIII. Ces peines seront l'inscription au procès-verbal avec censure, les arrêts, enfin la prison pour un temps que l'assemblée déterminera, et qui ne pourra excéder celui qui est prescrit par la constitution.

XIX. La parole sera accordée à tout membre qui, rappelé à l'ordre, s'y sera soumis aussitôt et demandera à se justifier.

XX. S'il s'élève du tumulte dans l'un des conseils, et que le président ne puisse le calmer par des moyens ordinaires, il se couvrira : ce signal indiquera qu'il n'est plus permis de parler, que la chose publique souffre ; à l'instant tous les membres se tiendront assis, découverts et en silence.

XXI. Le président ne se découvrira que lorsque le calme sera rétabli.

Tenue des séances.

ARTICLE PREMIER.

LA séance commencera par la lecture du procès-verbal de la veille.

II. On passera de suite à l'ordre du jour, qui ne pourra être interrompu, à moins que, pour des objets d'un intérêt majeur et pressant, le conseil n'en décrète l'interruption.

III. On élira tous les mois un président et quatre secrétaires.

IV. Les fonctions du président seront de maintenir l'ordre dans le conseil, d'y faire observer les réglemens, d'y accorder la parole, d'énoncer les questions sur lesquelles le conseil aura à délibérer, d'annoncer les résultats des suffrages, de prononcer la décision de l'assemblée, et de porter la parole en son nom.

V. Les fonctions des secrétaires sont de prendre des notes pour la rédaction des procès-verbaux; de recueillir les délibérations; de faire, à l'ouverture de chaque séance, la lecture du procès-verbal de la séance précédente; de tenir registre de l'ordre du jour, et des ajournemens prononcés dans les différentes séances; en un mot, de faire tout ce qui appartient au travail du bureau du conseil dont ils sont membres.

VI. Les lettres et paquets destinés à l'un et l'autre des conseils, et qui seront adressés au président, seront ouverts dans l'assemblée.

VII. Le président fera l'ouverture et la clôture des séances. En cas de réclamation, il consultera l'assemblée.

En l'absence du président, le dernier des ex-présidens qui sera dans la salle, remplira ses fonctions ; et, à son défaut, celui des anciens secrétaires qui aura obtenu le plus de suffrages.

VIII. Le président annoncera, à la fin de chaque séance, les objets dont on devra s'occuper dans la séance suivante, conformément à l'ordre du jour.

IX. L'ordre du jour sera consigné dans un registre dont le président sera dépositaire.

Il sera tenu un registre des ajournemens prononcés par l'assemblée ; ce registre restera sur le bureau.

X. L'ordre du jour sera affiché dans la salle.

XI. Lorsque des objets pressans exigeront la réunion de l'un ou de l'autre des conseils, le président pourra le convoquer extraordinairement.

Des motions.

ARTICLE PREMIER.

TOUT membre qui voudra proposer une motion, se fera inscrire au bureau.

II. Aucune motion ne pourra être discutée que lorsqu'elle sera appuyée de quatre membres, et elle sera préalablement déposée sur le bureau.

III. Quoique la discussion soit ouverte sur une motion, celui qui l'a proposée peut la retirer; mais, s'il y a réclamation, la discussion sera continuée.

IV. Aucun membre, sans excepter l'auteur de la motion, ne parlera plus de deux fois sur une motion, à moins qu'il n'y soit autorisé par l'assemblée.

V. Les motions de priorité, d'amendement, d'ajournement, d'ordre du jour, de question préalable, ou de rappel au réglement, auront la préférence sur la motion principale, et en suspendront toujours la discussion: toute autre motion incidente sera écartée.

VI. Les sous-amendemens, et ensuite les amendemens, seront mis aux voix avant la question principale.

VII. La question préalable ne pourra pas être demandée sur une motion, après que cette motion aura obtenu la priorité.

VIII. La discussion épuisée, l'auteur de la motion pourra la réduire en des termes simples, pour être délibérée par *oui* ou par *non*.

IX. Tout membre pourra demander la division d'une question complexe.

X. Tout membre pourra demander la parole pour poser la question.

Ordre de la parole.

ARTICLE PREMIER.

AUCUN membre ne pourra parler qu'après avoir demandé la parole au président et l'avoir obtenue. On ne pourra parler que de la tribune.

II. Un des secrétaires tiendra note des membres qui demandent la parole, afin qu'il ne puisse y avoir de préférence, et que chacun l'obtienne suivant l'ordre de la demande qu'il en aura faite; s'il y a réclamation, l'assemblée donnera la parole.

III. La liste n'aura d'effet que pour une seule séance.

IV. Dans les discussions, les opinans parleront alternativement pour et contre.

V. Lorsqu'un membre aura obtenu la parole, un huissier lui ouvrira la porte de l'enceinte pour qu'il se rende à la tribune, et il la refermera sur-le-champ.

VI. Nul ne pourra monter à la tribune que celui qui le précède n'ait repris sa place, et qu'il n'ait été appelé par le président.

VII. Le président rappellera à la question l'opinant qui s'en écartera; et s'il ne le fait pas, il pourra y être invité.

VIII. Si quelque membre veut contredire les faits exposés par l'opinant, il se levera pour l'annoncer; il sera entendu immédiatement après l'opinant qu'il aura interrompu.

IX. Si l'opinant s'écarte du respect dû à l'assemblée ou au président, le président le rappellera nominativement à l'ordre.

X. Toutes personnalités sont défendues.

XI. Le président ne pourra prendre la parole sur un débat que pour présenter l'état de la discussion ou y ramener.

XII. S'il veut discuter lui-même ou présenter une opinion, il se fera inscrire ; et lorsque son tour sera venu, il quittera le fauteuil pour monter à la tribune.

Manière de recueillir les suffrages.

ARTICLE PREMIER.

LORSQU'IL y aura du doute dans une délibération prise par assis et levé, on procédera au recensement des suffrages ainsi qu'il suit :

II. Le membre du conseil qui sera placé au numéro premier de la série, ou, en son absence, celui qui occupera le numéro suivant, fera l'office de recenseur.

III. Il sera délivré à chaque recenseur, par un des huissiers, qui les recevra des secrétaires, un nombre de bulletins double de celui des membres placés dans chaque série. Sur la moitié de ces bulletins sera imprimée la lettre majuscule O, et sur l'autre moitié, la lettre majuscule N; la première exprimant l'affirmative, la seconde la négative.

IV. Les recenseurs distribueront aux membres de la série, par ordre de numéros, un bulletin revêtu du signe affirmatif, et un autre revêtu du signe négatif.

V. Lorsque la distribution des bulletins aura été entièrement terminée, le président ordonnera aux recenseurs de recueillir les suffrages.

VI. Les recenseurs recueilleront les suffrages, chacun dans une urne, qu'ils présenteront successivement aux membres de leur série, en commençant par celui auquel ils avaient d'abord distribué les bulletins.

VII. Chaque membre choisira celui des deux bulletins qui sera conforme à son opinion, et le déposera roulé dans l'urne d'une manière bien ostensible. Chaque recenseur fera bien attention à ce qu'il n'en soit pas déposé deux.

VIII. Chaque urne sera déposée sur le bureau par un huissier, qui la recevra des mains du recenseur. Tous les bulletins seront versés dans une urne commune ; et, après avoir été mêlés, ils en seront tirés successivement par le président, et lus à haute voix.

IX. Les secrétaires tiendront note de chaque suffrage, et le président fera part à l'assemblée du résultat. S'il se trouve un bulletin double, ou différent de ceux qui auront été distribués par les recenseurs, il sera supprimé.

X. Lorsqu'il devra se faire des nominations dans l'un ou dans l'autre conseil, les membres passeront dans un appartement voisin de la salle des délibérations, pour y faire leur bulletin ; après quoi ils reprendront leurs siéges, et l'on procédera au recensement dans la forme ci-dessus indiquée.

Messagers d'État.

ARTICLE PREMIER.

CHAQUE conseil nommera, à la pluralité des

des suffrages, ses messagers d'État. Le directoire exécutif nommera les siens dans la même forme.

II. Les messagers d'État se tiendront, pendant la durée de chaque séance, près celui des conseils auquel ils seront attachés.

III. Lorsque l'un des deux conseils aura jugé nécessaire d'envoyer un message, soit à l'autre conseil, soit au directoire, le président fera appeler un messager d'État.

IV. Le messager d'État s'avancera jusqu'à la balustrade, et recevra les dépêches des mains de l'un des secrétaires, auquel elles auront été remises par le président, scellées du sceau du conseil.

V. Deux huissiers précéderont le messager d'État, et l'accompagneront jusqu'à l'entrée de l'intérieur de la salle des délibérations du conseil vers lequel il aura été envoyé; il fera prévenir le président de son arrivée par un huissier de ce même conseil.

VI. Le président en préviendra l'assemblée, et donnera des ordres pour son introduction. Deux huissiers de ce conseil iront le prendre à l'entrée de la salle, et le conduiront jusqu'à la balustrade.

VII. Le messager d'État remettra ses dépêches entre les mains d'un secrétaire, qui les ira recevoir pour les remettre au président; il lui en sera donné récépissé, signé du président et d'un secrétaire : il se retirera précédé des deux huissiers qui l'auront accompagné; et, à la porte de l'intérieur, il reprendra les deux huissiers du conseil auquel il est attaché.

VIII. Lorsque l'un des deux conseils fera passer ses dépêches au directoire exécutif, le messager d'État sera accompagné par ses deux huissiers jusqu'à la porte de la salle, où il sera reçu par le directoire, s'il est assemblé; et dans le cas contraire, par le président. Les dépêches seront remises entre ses mains; il en donnera récépissé.

IX. Les mêmes formes seront observées, dans l'un et l'autre conseil, à l'égard des messages qui leur seront adressés par le directoire exécutif.

X. Le messager d'État remettra, à son retour, au président du conseil, le récépissé qui assure que le message a été rempli.

Procès-verbaux.

ARTICLE PREMIER.

LE conseil des anciens et le conseil des cinq-cents choisiront, chacun hors de leur sein, deux rédacteurs pris parmi les hommes les plus exercés dans les lettres et dans la science des lois; ils seront chargés de la rédaction des procès-verbaux.

II. Les rédacteurs rendront compte sommairement des motifs développés dans la discussion.

III. Immédiatement après que les procès-verbaux auront été adoptés, ils seront mis au net, signés du président et d'un secrétaire, et envoyés de suite à l'imprimeur.

IV. Les épreuves seront corrigées par les rédacteurs.

V. L'imprimeur délivrera tous les mois, à chaque député, à domicile, un exemplaire complet et broché des procès-verbaux du mois.

VI. Il en sera usé de même pour toutes les pièces dont l'impression aura été ordonnée.

VII. L'imprimeur de chacun des conseils communiquera directement avec la commission chargée de surveiller l'administration et les dépenses relatives à la tenue des conseils.

VIII. Les impressions relatives aux objets soumis à la discussion, seront distribuées à un bureau destiné à cet effet.

IX. Toute pièce originale qui sera remise à l'assemblée, sera d'abord copiée par l'un des commis du bureau; et la copie collationnée par un des secrétaires, et signée de lui, demeurera au secrétariat. L'original sera aussitôt après déposé et enregistré aux archives.

X. Il y aura deux minutes originales des procès-verbaux, dont l'une sera déposée aux archives, et l'autre demeurera au secrétariat de chacun des conseils, pour son usage.

XI. Les procès-verbaux seront toujours signés par le président qui aura tenu la séance.

XII. Les lois rendues avec décret d'urgence, seront préalablement relues par l'un des secrétaires, avant d'être envoyées, soit à l'un des conseils, soit au directoire exécutif.

Députations.

ARTICLE PREMIER.

AUCUNE troupe particulière de citoyens armés ou non armés ne sera admise à défiler dans la salle des séances de l'un ou de l'autre conseil.

II. Les pétitions adressées à l'un ou à l'autre des conseils, seront lues en entier, ou par extrait, par l'un des secrétaires.

III. Lorsqu'une pétition sera signée par plusieurs citoyens, et que l'un ou l'autre conseil jugera convenable d'entendre à sa barre les pétitionnaires eux-mêmes, dans aucun cas il ne sera admis plus de trois de ces citoyens, choisis par leurs co-signataires.

IV. Lorsqu'un membre aura converti une pétition en motion, elle ne pourra être délibérée que dans les formes prescrites par la constitution.

Huissiers.

ARTICLE PREMIER.

CHACUN des conseils aura huit huissiers pour le service intérieur de la salle : il en aura un de plus pour chacune des tribunes publiques, lequel se tiendra, pendant les séances, dans la tribune qui lui aura été assignée par les inspecteurs de la salle, et y maintiendra l'ordre.

II. Les huissiers seront nommés par la commission chargée de l'inspection de la salle du conseil.

Tribunes.

ARTICLE PREMIER.

AUSSITÔT l'ouverture de la séance et jusqu'à ce qu'elle soit levée, les citoyens assistans se tiendront assis et découverts ; ils auront soin de garder et de faire observer entr'eux le silence nécessaire à la tranquillité des délibérations, et généralement de porter aux représentans du souverain le respect dû à leurs fonctions, et de conserver le calme commandé par les grands intérêts de l'État.

II. Tout citoyen qui donnera des marques d'approbation et d'improbation, sera sur-le-champ exclu des tribunes par l'huissier chargé d'y maintenir la police.

III. S'il arrivait qu'un ou plusieurs individus troublassent les délibérations, ils seront considérés comme *perturbateurs à dessein*, et, comme tels, punis ainsi qu'il suit, d'après la gravité des infractions ; savoir, exclus des tribunes par l'huissier, ou mis en prison pour vingt-quatre heures par l'ordre du président ou de l'un des commissaires-inspecteurs de la salle, ou condamnés depuis trois jours jusqu'à un mois de détention par l'assemblée.

IV. Tous les articles du réglement étant obligatoires, il est du devoir de chacun d'en réclamer l'exécution.

Des archives nationales.

ARTICLE PREMIER.

LES archives nationales établies auprès du corps législatif sont communes au conseil des cinq-cents et au conseil des anciens.

II. La garde de ce dépôt est confiée à un archiviste, responsable envers le corps législatif seulement, et nommé par lui.

III. La nomination de l'archiviste se fait tous les cinq ans, par la présentation d'une liste de trois citoyens que le conseil des cinq-cents propose au conseil des anciens pour en choisir un.

IV. L'archiviste est rééligible sans intervalle. A l'époque de la réélection, le conseil des cinq-cents peut la proposer purement et simplement au conseil des anciens : si elle n'est pas ainsi agréée, le conseil des anciens demandera qu'il soit procédé à la formation de la liste triple prescrite par l'article précédent, et le conseil des cinq-cents la lui fournira dans les trois jours.

V. A la prochaine formation des deux conseils législatifs, chacun d'eux nommera l'un de ses membres pour surveiller les archives en qualité de commissaire.

VI. Ces deux commissaires resteront en fonctions jusqu'au 15 floréal de l'an V. A cette époque, ils tireront au sort pour savoir lequel des deux sera remplacé.

VII. Celui des deux commissaires qui sera resté, continuera ses fonctions jusqu'au 15 floréal de l'an VI. Le conseil auquel appartiendra le membre sorti par la voie du sort le 15 floréal de l'an V, en nommera un autre, ou donnera de nouveaux pouvoirs à son commissaire, pour les exercer jusqu'au 15 floréal de l'an VII.

VIII. Chaque conseil nommera ainsi alternativement, tous les deux ans, son commissaire; en sorte qu'il y en ait toujours deux qui restent chacun deux ans de suite en exercice, et qu'il y en ait un de renouvelé chaque année, soit par remplacement, soit par continuation de pouvoirs.

IX. Ces deux commissaires surveilleront, tant individuellement qu'en commun, le service des archives; mais aucun des deux ne pourra rien régler que de concert avec son collègue.

X. Dans toutes les questions relatives au service des archives, et qui seront portées au corps législatif, le rapport sera fait au conseil des cinq-cents par le commissaire qui en sera membre, et la résolution envoyée au conseil des anciens, qui entendra son commissaire avant d'y délibérer, et en fera mention.

XI. L'archiviste sera tenu d'habiter dans le lieu même où les archives seront établies. En cas de maladie ou d'autres empêchemens, il sera remplacé momentanément par celui des deux commissaires qui sera le plus ancien en exercice.

XII. Toutes les expéditions ou extraits délivrés aux archives, y seront scellés et revêtus de la signature de l'archiviste, ou, dans le cas prévu par l'article précédent, de celle du commissaire qui le remplace. Ces expéditions seront authentiques sans aucune espèce d'autre *visa*.

XIII. Le traitement de l'archiviste est égal à l'indemnité des membres de l'un et de l'autre conseil; il ne peut être décerné contre lui aucun mandat d'arrêt, si ce n'est en cas de flagrant délit, sans en référer au corps législatif.

XIV. L'archiviste ne peut exercer aucune autre fonction, si ce n'est celle de membre du corps législatif, auquel cas il ne recevra qu'un traitement.

XV. Le nombre des secrétaires-commis des archives, leur traitement et les dépenses du service, seront présentés par aperçu, chaque année, par les commissaires aux archives : le corps législatif en décrétera les fonds, pour être, par les commissaires aux archives, mis à la disposition de l'archiviste; il ordonnancera directement les dépenses sur la trésorerie nationale; elles y seront payées sur la quittance des employés et fournisseurs, sans qu'en aucun cas l'archiviste et les personnes attachées aux archives puissent toucher d'autres deniers que ceux de leur traitement personnel.

Le compte de l'année précédente sera rendu par l'archiviste, communiqué à la trésorerie nationale par les commissaires aux archives, pour vérifier et apostiller les articles, et présenté par les mêmes commissaires aux archives, au corps législatif, pour être définitivement arrêté.

XVI. La loi du 7 messidor de l'an II sur le classement et le triage des titres dans toute l'étendue de la République, est maintenue. Le directoire exécutif surveillera les opérations commencées, les fera terminer au plus tard dans le délai d'une année, à dater du jour de son installation, et rendra compte de ses progrès tous les trois mois au corps législatif.

XVII. Le directoire exécutif, ni aucune des autorités constituées, autre que le corps législatif, ne peut ordonner de dépôt aux archives, ni prendre connaissance de leur police ou de leur comptabilité.

FIN DE L'APPENDICE.

TABLE

TABLE ALPHABÉTIQUE DES MATIÈRES

CONTENUES dans la Constitution française et les Lois y relatives.

A.

B.

C.

D.

E.

G.

GRAND-LIVRE.

H.

I.

J.

L.

N.

O.

P.

R.

S.

T.